擁抱脆弱，你會更堅強

仕事も人間関係も
「すべて面倒くさい」と思ったとき読む本

日本療癒諮商心理師｜石原加受子｜著

第一章

〔開始的第一步〕

察覺讓你心煩的徵兆

第二章
〔擁抱在工作裡的脆弱〕
戒掉「不能偷懶病」

第三章
〔擁抱在人際關係裡的脆弱〕
從學會與自己相處開始

第四章
〔擁抱在生活裡的脆弱〕
改變內心的負面設定值

第五章

〔給想活得輕鬆快樂的你〕

放下情緒包袱

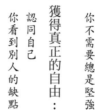

第六章（告別所有的心煩意亂）
感謝是最強大的力量

〔作者序〕

改變內心設定值，擺脫生命負能量

最近我常常遇到像下面這樣的諮詢狀況。

「總覺得身體很疲倦，即使知道自己一定要做事，但身體就是動不了。」、「我的心情變得很鬱悶，都沒心思工作，而且每天老是覺得焦慮不安。」、「我真的很憂鬱，不管做什麼就是不快樂。」

雖說這些人這樣陳述自己的狀態，但每次想完又會自責道：「唉！我又無所事事地過了一天。」

碰到像這種情況，我都會告訴他們：「那是因為你的內心已經覺得很疲倦，所以要是你想睡就該馬上去睡，想休息時就放鬆心情好好休息。之後你都必須用這種方式好好關照自己的感受，也要滿足自己的需求。」

只是，聽了我的建議後，通常對方會說：「但如果老是賴在床上的話，我就會想：『我真的能一直這樣下去嗎』，然後反而變得更焦慮。」

如果上述這些情境讓你覺得心有戚戚焉，那麼你很可能正陷入「總是提不起勁，不論做什麼都感到厭煩」的狀態中。

處於這種狀態的你，是否不允許自己滿足需求呢？

請試著回想一下今天吃了什麼？還有，那些食物味道如何？如果你專注於自己的感受上，在吃東西時，你就能充分體會到食物的滋味，而產生出「這個真好吃」或「這個不太好吃」的感覺。吃完之後，你也能察覺到「嗯，吃得我好滿意啊！」的滿足感。

另外，你在吃東西前，你會感覺到是「肚子好餓，我好想吃東西喔！」，還是因為吃飯時間到了，所以就「習慣性」地前去用餐？

如果你無法回答以上的問題，或許是因為你已經忘了感官和情緒會所帶來的美好感受。

「因為這是我『想做』的事，所以我會去做。因為這是我『不想做』的事，所以我就不去做。」如果你有這種出於自由意識進行抉擇的心態，那麼不管決定的結果如何，你都會有「因為我滿足了自己的真正渴求，所以我很慶幸能做出這個決定」的心情。

你會提不起勁、對任何事都覺得很厭煩，就是因為你無法對自己承認你也有個人需求，也認為自己不該放任個人的情緒做決定。

對已經遺忘五感或情緒能帶來愉快感受的你來說，最重要的就是讓自己重拾真正的情緒，並且滿足自我的欲望與自由。

我由衷地希望本書能幫助對於一切已失去活力與幹勁的你。

石原加受子

第一章

〔開始的第一步〕
察覺讓你心煩的徵兆

01

「我什麼都不想做」，到底為什麼？

你的壓力大到快破表嗎？

當身體疲倦時，會發出警訊，像是感冒就會出現發燒、咳嗽、流鼻水等症狀，因為你覺得不舒服，所以能有所自覺，並在判斷後做出這樣的決定：「今天一整天我什麼都不要做，只要睡覺休息就好。」

但是，**當我們的心靈感到疲累時，並不會像感冒或生病出現不適症狀，所以人們往往會在不知不覺間加以漠視，甚至還會不斷地對內心強施壓力。**

更有人即使已經精疲力竭，還是會強打起精神自我安慰：「我還能撐下去」、「我可以的」，或是激勵自己：「無論如何，我都一定要完成這件事」、「我一定要努力堅持至達成目標」。

如果像這樣強迫自己，因為覺得好像還能繼續打拼，就會在不知不覺中努力硬撐。

但是在拼命的同時，因為內心並無法得到休息，於是就會產生「真是受夠了！我已經撐不下去了！我不要再想任何事了」這樣的心情。要是進一步演變成「覺得所有事情都壓得人快喘不過氣來了」，那就表示你已經陷入憂鬱狀態了。

用「理智」取代「情緒」的思考習慣

上述所提到那種「好像還能撐下去」的想法，其實是個狡猾的騙子，讓你忽略了內心真正的感受。

當你內心累得半死，也極度渴望休息時，為什麼你要忽略這種想望，而逼迫自己硬ㄍㄧㄥ呢？**這是因為你用了「思考」的方式，推翻或否決自己「想要休息」的心情**。

「因為累了，所以想休息」，這是你真實的情緒感受，也代表情緒層面的需求。另一方面，「還不要緊，我要努力到工作完成為止」，這是屬於「思考」層面。即使你有「好想休息」的渴望，卻還是不斷告訴自己要繼續加油，這些話就會讓你產生「應該可以做得到」的感覺。

然而，這只不過是因為理智或言語掩飾住你內心真正的感覺，所以才會讓你產生「雖然我很累不想再撐了，但既然只差一點點，所以我還是將它完成吧」、「我不想被大家認為是在偷懶，所以不能停下來」、「其實我很想拒

其實我很想休息，但我不能鬆懈下來……

絕，但因為不想被認為是沒用的人，還是接下工作吧」這類的想法。

換句話說，這是「情緒」和「思考」之間的交戰，是理智勉強壓制住情緒的狀態。

「其實我好想……」V.S.「但我應該要……」的天人交戰

然而，會強迫自己，甚至讓自己陷入「厭惡一切、想拋開一切」狀態的人，**絕大多數都沒發現「真實感受」和「思考」間的差異**。

如果不懂得適時紓壓，就會讓自己陷入「沒精神、失去幹勁、喪失專注力、提不起興趣」的狀態。

因此，當出現「雖然知道非做不可，但身體就是動不了」的徵兆時，請注意：其實你的心已經很累了。

然而，沒有察覺到自己感受或情緒的人，不但會忽略這些警訊，還會理智地自我激勵道：「你沒問題的」、「還可以再撐一下」，或是自責：「怎麼可以因此就說喪氣話」、「這麼懦弱怎麼行呢？一定要更堅強。」

若是其中還夾雜著焦慮，那更會不自覺地強迫自己：「一定要趕快恢復到原來的狀態」、「要是一直這麼懶散下去的話，會一事無成的。」

02

你用「情緒」思考嗎？

負面情緒會讓你被負面思考綁架

你不相信自己現在的心情，其實就是內心的真實感受嗎？

當你心情低落，或沒有幹勁並且想拋開一切什麼都不去管時，也許你會想：「我都這麼沮喪了，哪還有力氣去瞭解內心的情緒到底是真是假？」

不過，你得知道，心情、情緒是透過各種因素組合後所產生。而且與之關係最密切的，當然就是「思考」這件事。

讓我們來看看「情緒」和「思考」這兩者的關連性。

究竟你是因為不斷說著會誘發焦慮情緒的話語，進而導致自己陷入焦慮的情緒；還是因為內心本來就感到焦慮，才會讓自己說出焦慮的話呢？這就像「是先有雞還是先有蛋」的爭論一樣，我們無法斷定何者為先。

同樣地，「情緒」和「思考」兩者的關係也如同這般密不可分。

總之，請你先記住以下這件事：包括焦慮在內的那些所有負面情緒，讓現在你之所以陷入如此痛苦的狀態，都是因為「情緒和思考交互影響的結果」。**也就是說，是兩者的交互作用，以及隨之產生的連鎖反應，才是製造出負面情緒的因子。**

舉例來說，原本今天的你就無精打采，而且洩氣又沮喪。

這時，被負面情緒浸透的你若是開始苦思，就會不自覺地喃喃說著一些消極的話語。像是：「唉！真不想做這些事！我以前也這樣過，怎麼現在又來了！好痛苦啊！唉！我該怎麼辦才好呢？」。

光是你無意識地說出「該怎麼辦才好呢？」這種話時，就代表你心裡已經認定自己無計可施，打從一開始就急著要先束白旗投降。

換句話說，當你嘟囔著「該怎麼辦才好」時，**就等於是對自己輸入「因為我無能為力，所以就乾脆放棄吧！」的指令。**

讓自己從「討厭一切」、「老覺得煩」中解脫

在這樣的心情下，更會讓你無法克制愛鑽牛角尖的負面想法。因為當以消極的心態進行思考時，自然會引導你不斷產生悲觀、否定的念頭，越來越陷

彷彿是在思考著「我該怎麼辦才好呢？」，但事實上卻是……

入絕望的泥沼中。

對於處在這種狀態無法自拔的人，我都會問他們：「可以確切描述一下你最近感到痛苦時的狀況，或是說說發生了什麼事嗎？」

我之所以會這麼問，是為了瞭解前來諮詢的人當時的意識與想法。

而大部分的人都會這麼回答：「唉！一言難盡。反正，不管是對什麼人、什麼事，我全部都看不順眼啦！」

越心煩意亂的人，就越容易脫口說出「一切」、「總是」、「全部」之類的話。這樣的說話方式，代表了情緒已經主導了你的思考方向。

因此，如果你也有類似答案，就代表你也囿於「以情緒引導的思考模式」中而難以自拔了。

轉念，就能變輕鬆

有人想要逃離這種痛苦，會對自己吶喊：「真想把大腦換掉！」；或萌生「如果能什麼都不管，我應該會更輕鬆吧！」這類不想再繼續掙扎的念頭。

事實上，當你的情緒反應受限於既有的思考模式時，就會被思維所製造出的情緒所支配，結果讓「思考和情緒」這兩者會更加糾結難分。

換言之，你身陷的困境，正是「情緒和思考產生交互作用」所造成的結果。

明白了這個道理後，你可以在心裡告訴自己：「原來是我的負面思考模式，才導致現在這種糟糕的心情。只要我能意識到這點，並且不讓這種消極的念頭盤據心中，就能解決問題了。」

這種轉念的方式，能讓你走出人生的關卡。

03

跟自己對話

小動作所暗示的微訊息

現在你已經瞭解「思考會產生情緒」的因果關係，接下來就請你試著實際體會以下的文字吧！

「我做什麼都覺得不快樂。這樣繼續下去行嗎？這種狀態會持續到何時呢？如果情況一直沒有好轉的話，未來會變得如何呢？雖然現在我有家人陪伴，但要是有一天父母離開人世，我還有辦法獨自活下去嗎？」

光是閱讀這些文字，是不是就令你感到心情鬱悶呢？而原本情緒低落的人，相信看了之後一定就更加沮喪了。

接著，再看看下面這段文字吧！

「因為我今天頭昏腦鈍，所以什麼也不想做，我要輕鬆地度過這一天。要是一整天都依照自己的想法做事，悠閒度日的話，心情一定會很好。我要睡到自然醒。吃東西也一樣，想要怎麼吃就怎麼吃。要不然，好好泡個澡也很不賴。」

讀完這段文字，你又會覺得如何呢？

你有沒有發現，光是用字遣詞的不同，就會讓自己的感受產生非常大的差異？請注意，這種體悟與自覺是很重要的。

我們的思考方式或使用的語彙會有固定的偏好，這些也會反映在我們平時不自覺地喃喃自語中。

如果我們總是下意識地說出消極、悲觀的話，就會產生負面的情緒；若是常說積極、樂觀的話，就會產生正面的情緒。

如果你沒意識到自己平時會無意識咕噥著甚麼，就無法自覺到思考模式和話語是如何「製造」出內心的情緒。

無法讓苦惱消失，就改變對苦惱的看法

對此，有人會不以為意，認為只要「不去管它就好啦」，或是「把腦袋放空，什麼都不想就可以了。」

這類的答案，其實都是你按照已經僵化的「思考模式」所做出的反射性回

答。

當你捫心自問：「不在意、不去想，真的就能毫不在乎？」，相信你一定會承認：「不！雖然我明知道不去在意就好，但我還是無法釋懷。」、「雖然知道不想就沒事，卻還是會一直惦記著。」畢竟，這才是你真正的心聲。

當然，現在也許你無法停止產生源源不斷的消極念頭，不過沒關係，對於現在所面對的困境與煩惱，你可以換個角度想道：「雖然我對自己的沮喪心情一直都無能為力，但我現在所感受到的情緒，其實並非是發自於內心，而是我自己『想』出來的。」

如果你能有這樣的認知，並以此做為出發點重新審視內心。哪怕你只是稍微萌生這樣的體悟，也能漸漸改變看事情的觀點，拓展出全新的視野。

04

改變內心的設定值

傾聽內心，遇見最真實的自己

如前文所述，你會因為沮喪的心情而感到絕望的原因之一，也許就是因為你會在不知不覺中不斷地說著喪氣話。此時，並不是利用曾風行一時的「正面思考法」就能解決的。

或許，並非所有積極正面的詞彙都能讓人感同身受。畢竟，若那些激勵人心的話語和你的心境相去太遠，不管是多麼正面或華麗的言辭，或許反而會讓你感到痛苦，難以接受，說不定還甚至會產生反效果。

你是不是覺得「不能太寵愛自己」嗎？

如果你一時找不到能讓你打動內心、產生動力的話語，那就先換個角度，試著想想其他能更貼近你心境的詞句，並與自己進行對話吧！

例如，要是你一產生「今天乾脆什麼事都不做吧！」的念頭，就會馬上產生罪惡感的話，那就告訴自己：「原來我只要一想到無所事事晃蕩一整天，就會有罪惡感啊！」這樣說完後，你有沒有稍微感到輕鬆了一些呢？

這是因為你能對自己坦承說那些話時的想法，這也是踏出接納內心真感受的第一步。

發揮想像力也能感覺幸福

如果你想得太多、太累，也提不起勁來說些自我鼓勵的話，那麼這裡也提供你其他的替代方案。

除了思考會產生情緒外，運用想像力、呼吸、聲音和身體姿勢等不同的方式，也能塑造你的情緒。現在就讓我們來試試看吧！

請試著想像，當你在辦公室向同事打招呼時，對方不但對你視若無睹，反而還逕自和其他同事愉快地聊天。像這種畫面，光是想著就會讓你心情不太好吧？

接著再試著想想，當你向同事打招呼，對方也微笑著回應你，於是你們兩人開心地交談起來，此時其他同事也湊了過來，大家就聊得更起勁了。這樣想著，是不是心情也變得比較愉快呢？

以上兩種情況，都是因想像而產生的感覺，這就是光靠想像力就能製造出來的情緒。當你對生活或工作感到疲憊無力時，不妨就發揮「光想像就很幸福」的創意，來轉換心情吧！

你被假想的情緒騙倒了

看電影時，你可能會覺得自己就像電影主角一樣，不但可以英勇地戰鬥，可以成功擊退壞人，就連從懸崖上跳水也是易如反掌。

你還會因為電影引人入勝的情節，而感受到提心吊膽、心跳加速、不寒而慄、大吃一驚，或是悲喜交加、幸福洋溢等各種不同的心情。

你想過嗎？你現在的情緒，其實就像在看電影時所產生的感受一樣，很有可能是經由你的思考和想像所製造出來的假象，並非是真實的情緒，只是你一直將它們誤解成是內心真正的感受。

很多煩惱的來源，也經常是你的「感覺」，而非真正的「事實」。如果分不清「事實」與「感覺」，把兩者混為一談，就會陷入負面情緒而無法自拔。

05

當你被情緒綁架

越積極處理，就越容易陷入負面情緒的漩渦

當你被「什麼也不想做！煩死了！真想拋開一切」這類的負面想法所箝制時，當然沒有時間與心力透過外界的刺激，來仔細關注自身的情緒和感受。

也許你會抗議道：「其實我也有意識到這回事，而且還因為痛苦難耐，更一直費心地在處理這種情緒。」

但真的是這樣嗎？請你先看看下面的例子。

假設你咬了一口蘋果，覺得「哇！好甜啊」，這是基於味覺所產生的「直接」感受。換句話說，也就是在「當下」那瞬間所產生的感覺。

在你全心全意把注意力放在自己身上時，就會像這樣深入而仔細去體會味道或感受。

但如果你像上述所說的那樣，自以為是專注於「克服負面情緒」，卻沒注意到其實你根本就只專注於「負面的想法」上，那麼，你腦海裡一定也會不斷浮現消極、令人沮喪的意念。這是因為你沈溺、受制於負面的想法中，在事情發生的當下，自然也沒有餘力去察覺「當下的情緒」。

也就是說，**當你專注於克服、解決負面情緒的問題時，自身的覺察就會一直被負面情緒所羈絆，反而陷在負面情緒的困境裡。**

身心同步減壓法

明白了上述的觀念後，現在，我們來做將身體姿勢與內心情緒相互連結的練習。

你會驚訝地發現，身體與心靈一方面互相牽制，另一方面又是彼此配合並且發揮作用的。如果身心無法整合，負面情緒只會讓你坐以待斃。

首先，請你坐下來，讓肩膀自然下垂，全身放鬆。

接著，請低下頭，發出「唉！」的嘆氣聲。

你的腦海中並沒有想著消極的事情，只是做個唉聲嘆氣的樣子而已。請你一邊維持這個姿勢，一邊留意心情是否有所改變。

是不是光是這種姿勢，就讓你開始變得很消極，情緒也逐漸低落了呢？

接著，繼續維持相同樣的姿勢和心情，小聲地說：「我一定要早點工作，一定要早點採取行動。」對著失去幹勁與活力的自己下達「我非做不可」的指令。

現在你的心情又如何呢？

當你內心已經疲累不堪時，即使一直對自己說著這種自我激勵的話，也會越來越覺得欲振乏力。這就是你現在的狀態。

那麼，在這種狀態下，該對自己說什麼才能讓心情好轉呢？

試著說：「呼！我累了。我看今天就放慢步調吧」，這句話會讓身體狀態和所說出的話語彼此同步。即便只是這樣說著，你的心情就會輕鬆不少，身體在瞬間也會隨之放鬆。

像這樣，只要簡單的一句話，就能讓你實際體會到心情的轉換，感受到截然不同的輕鬆自在。

06 現在開始，停止盲從

用聲音開啟療癒的能量

許多人都希望能獲得別人的認同。若是無法如願，就會為自己無法贏得對方的好感，或是無法讓對方感到滿意所苦。

當你心中充滿「我希望對方能夠因為我而（去做）……」的感受時，試著對自己這樣說：「我希望你愛我，我希望你認同我，我希望你理解我，我希望你做這個，我希望你做那個……」

這時，你是不是開始覺得喘不過氣來，或是覺得自己像是個極度飢餓到全身無力的人，又或者覺得像是個緊抓著浮木不放的溺水者？

越是無法體會到這種感覺的人，越要大聲唸出在第三十五頁「身心同步減壓法」中所提到的練習句子。

還有，在心中默唸和用嘴巴唸出聲音會產生截然不同的效果，因為聲音是會影響情緒的。藉由大聲唸出來，更能強化肯定自身的能量。

「以他人為中心」的痛苦活法

當你唸著上述所說的句子時，意識是放在哪裡呢？沒錯，就是全然在對方身上！

那種「希望對方能滿足我」的心態，在自我中心心理學當中，就是「以他人為中心」的想法，是把自己意識的完全集中在對方身上，希望對方能夠滿足自己的需求；或是藉著觀察對方的言行舉止，來決定自己的態度或行為模式。

當你用這種「以他人為中心」的觀點環視周遭或身處的環境，會看到什麼景象呢？

走在街上時，你會覺得每個人淨是一臉不悅。不小心碰到路人的肩膀時，你會覺得自己被對方怒視。過馬路時，你會因凶悍的駕駛瞪視而嚇得心驚肉跳。坐捷運時，你會很在意無禮的人逕自伸長雙腳癱坐在位置上的模樣。在公司裡，你會覺得自己常被上司咆哮著要求提升業績。回到家裡，也覺得家人都非常無情而冷漠。

如果你是有這種想法的人，一定會經常沒由來地感到悶悶不樂吧！而且，要是你將自己和為數眾多的他人相比較，就會覺得自己是個微不足道的小角色，心情也更加沮喪了。

要是你還時時受到周遭事物的吸引而分心、轉移注意力，自然也不會將心思聚焦在自身的感受和情緒上。

如果你能多關注自己，就能偶爾也會發現自身不安、焦慮、生氣、失望或是心灰意冷等負面的情緒。

只是，這些負面情緒並非如同前面所說，是當下所產生的情緒，而是肇因於更早之前許多負面情緒長期累積而成的經驗中。可能是剛剛或昨天才發生過的事，也可能是一個月前、半年前或遠至一年前所發生的事，狀況不一而足。

會覺得生活很痛苦，就是因為你太在乎別人的眼光。

在每一個當下，做真實的自己

對你來說，最重要的，就是你因為正發生的事，在「當下」、在「此時此刻」所產生的感受和情緒。

你必須想想：

- 自己在當下有什麼感覺？
- 自己在當下有怎樣的情緒？

請用這種方式，把能量集中在「現在」，把焦點放在你「真正想要」的事物上，學會珍惜「當下」。

如果你把注意力放在周遭環境上，就會無視於與自身有關的一切。然而，對你而言，最重要的並不是別人。因為你過的是自己的人生，沒有任何人能替代你做此事。你必須去察覺下面這些事：

- **自己在當下有什麼想法？**
- **自己在當下說了什麼？**
- **自己在當下採取什麼行動？**

你必須用這種透過「正念」的方式，重視自身的存在，和自己親密相處。

07

最不快樂的人，最害怕改變

當你活在偏執之中

我在進行諮詢時，有些人給我的第一印象就是：「不管我怎麼費力敲門，也不可能會有人幫我開門。」他們認為，這世界上沒有任何人能拯救孤立無援的自己。

這樣的想法會表現在你的態度上，甚至讓你身邊的人也感染到你的無助與孤獨。

也許你也很想改變現況，不想沈溺於這樣的困境中；但又認為自己不管再怎麼掙扎，情況也不可能好轉。

這種「反正事情也不可能改變，誰都救不了我」的想法，就是拒人於千里之外的心態。

有這種表現的人，絕大多數都堅信「事情絕對不會好轉」，甚至完全無法虛心誠懇地傾聽他人建言。

究竟為什麼你會產生有這麼固執的心態呢？

拒絕改變，是因為你覺得「改變是可怕的」

在這種「我不願改變」的想法裡，其實潛藏著重大的原因。當然，那是在你潛意識世界裡的事，所以你並未察覺。

對於那些活得疲累的人們，有時我會問他們：「當你覺得好一點之後，你想做什麼呢？」他們大部分會回答：「和好朋友快樂地相處」、「在親朋好友的陪伴下，每天開心地過日子」、「受到公司同事們的信賴，並且全心投入有意義的工作中」、「找到喜歡的工作，讓自己既開心又有精神地工作」。

換句話說，幾乎大家都如出一轍地表示，如果情況能好轉的話，就會愉快且活力充沛地去任何想做的事。但是，那終究是以「如果情況好轉」為前提所做的假設。

對現在的你而言，會覺得「我想要情況好轉，（即使不想，我也）絕對要成功」是項高難度的挑戰。

這就像是對自己說著「既然我不會游泳，如果想學會的話，就得努力練習才行」這類的矛盾話。

因為，在依然害怕下水的情況下，即使你心裡想著：「如果情況好轉，我就能變成游泳健將」，你仍然會感到膽怯。之後，你更會因為錯誤的認知而做出「與其得那麼努力才能學會游泳，那還不如繼續當個旱鴨子還比較安全」這樣偏差的決定。

換言之，**你認為改變是陌生的、是可怕的，這才是你潛意識裡拒絕改變的主要理由。**

08

跟情緒和平共處

做你「想做」的事，而非「應該做」的事

你會對游泳這件事感到恐懼，是因為你心裡想著：「雖然我不會游泳，但我一定要學好」，還是會覺得：「雖然我不會游泳，但我一定得想辦法學會。然而，無論我再怎麼努力就是做不到」，因為一直陷在無法前行的困境中？

如果你已處於不想做任何事的自我放棄狀態中，當然就會認為：「游泳對每個人來說都是輕而易舉的事，我一定也要成功。可是這件事真的好難。像

我這種人是不可能辦到的。」、「我連這種事都做不到，真是沒用。」

你發現了嗎？

在上面的敘述中，我們並沒有讓你檢視你是否有「我真的很想做」的欲望。

如果你能承認並面對自己的欲望，請先想想「自己是否真的想游泳」這件事，**把問題從「我得」變成「我要」的角度來思考**。

要是你對游泳這件事有所渴求，自然會產生「我真的很想學游泳，所以我要好好練習」的念頭。

但如果你其實根本不想學游泳，也願意坦然接受這樣的想法，那麼就能打從心底做出「我看我就別再游泳了」的果斷決定。

現在的你就是無法對自己坦承究竟「想不想」做。

有不少人在說服自己「想做再去做」時，反而會產生「我就是辦不到，怎麼這麼差勁！」的罪惡感。

改變，就從接納感覺做起

要是你一直以「我一定要成為理想中的自己，只要做不到，我就是一個沒用的人」這樣的想法否定自己，就會覺得越來越痛苦。

畢竟人類就是會哭、會笑、會生氣、會感到沮喪或失望等具有各式各樣情緒的動物。如果你能認同並接受擁有七情六慾的自己，就會更加重視自身的感受和情緒。

如果想著「我必須這麼做……」的話。

然後，你才會告訴自己：「我想成為一個『我想做就去做』，或是『不想做就不去做』，這樣具有自我意識的人。」

當你成為一個能「以自我為中心」的人，就可以做出符合內心真正感受的正確抉擇。當內心疲累不堪時，也能寬容且毫無罪惡感地面對自己做出「那就休息一下」的決定。

一個能打從心底承認自己感受和情緒的人，也會隨著自我認同而逐漸減少對於「改變」這件事所產生的恐懼感。

第二章

〔擁抱在工作裡的脆弱〕
戒掉「不能偷懶病」

01 你的責任指數過高嗎？

工作累了，進入休眠狀態又何妨

越是覺得自己做什麼都提不起勁來的人，也許就越容易得到「不能偷懶病」、「不能打混病」。

舉例來說，有A和B兩個人，他們分別是以「理智」和「情緒」的方式來做為自己行事的準則。

A在做事時是以「理智」為出發點，會較難顧及自己的情緒，因此，當產生「我想做……」的念頭時，很容易被「一定要做、非做不可」的理性意識所壓抑、限制。

相對地，B因為是以「情緒」為行事的前提與考量，比起「一定要做、非做不可」的想法，他更會察覺到「我想做……」的自身欲求。

這兩者間的差異，足以成為影響一個人的重大轉捩點。

若將這兩者截然不同的處世態度套用在工作職場上，A會以「一定要做、不能打混、不能偷懶」的想法自我鞭策，並且賣力工作；而B則會依「我想做或我不想做」這種發自內心的感受而努力工作。

以下舉一個場景作為例子。

A因為工作難以順利進行而陷入瓶頸，任誰都知道他正處於焦慮中。儘管如此，由於他老想著「一定得把工作完成」，所以敲打電腦鍵盤的雙手仍片刻不曾停歇。

後來，用腦過度的他終於疲累到不小心打起盹來。這時，同事過來問了一句：「你睡著了嗎？」A覺得同事是在指責他打瞌睡，於是連忙慌張地否認：「沒、沒有啦，我只是因為有點累，稍微瞇一下而已。」

對於一心認為工作必須認真專注的A來說，打瞌睡就意謂著「偷懶、打混」，所以那是非常要不得且錯誤的行為。

適當的休息不是偷懶

在另一個場景。

當B在專注工作的過程中覺得有些累時，他會承認自己正處於疲憊的狀態。於是，他閉眼休息了一下。

同樣地，同事過來問道：「你睡著了嗎？」因為這句話，B才發現自己有一瞬間不小心睡著了，於是回答：「嗯嗯，對啊，我好像是稍微睡了一下。不過，也多虧了這小睡片刻，現在我的精神好多了。」

對以自己情緒為出發點的B來說，如果累了，想稍作休息是極其自然的行為。因為是以自己的情緒為主要考量，所以一旦意識到想休息，就會即刻付諸行動。面對同事的詢問，也能坦承「自己不小心睡著了」的事實。

你想和A一樣，用「非做不可」的態度與想法來強迫自己工作嗎？或是像B一樣，以內心覺知「想不想做」的真實情緒做事？

當你用客觀的角度看了前述的例子後，可能會覺得那很可笑，但其實這正是你在現實中所遇到的狀況。

請你先拋掉「絕不能偷懶」的想法吧！然後，將你心中的「偷懶」這個字轉換為「休息」，然後允許自己有**「因為我累了、很想休息，所以現在就放鬆一下吧！」這樣的想法。**

尤其是在遇到工作瓶頸時，適度的休息反而會讓你找到突破的解答，或是發現全新的努力方向。從這個角度來看，休息不但不是浪費時間，更是重啟出發的動力。

以「非做不可」的想法工作，就會……

試著用「我想先做……」的想法做事吧！

02

當你無法感覺到工作的快樂

為什麼缺乏行動力？

正因為你強忍著自己已經不想做任何事的感受，才會衍生出「非做不可」的壓力，以及聽了他人的意見後產生「不得不遵從」的無奈。

尤其在過於在意他人的眼光時，自己的行為模式就會被對方的言行牽著鼻子走，結果在不知不覺間對他人的言行自動做出反應，並且覺得按照對方的意見行事是理所當然的。

有不少前來諮詢的人都會說：「我不知道自己想要什麼，也不知道自己到底是不想做。」其實，這些人大多都能感覺到自己根本毫無動力，卻又不敢對自己承認就是因為覺得痛苦才不想付諸行動，結果只好繼續擺爛。

他們會問我：「我也知道非做不可，但就是提不起勁來。究竟怎樣才能讓我有行動力呢？」

無意識的慣性思考模式

有著上述情況的你，請想想在生活中的種種行動，有多少是出於你個人的意願而進行的？

當你在做一件事情的過程中，會想到什麼、感受到什麼呢？還是你的行動本來就是按照直覺、無意識地進行呢？

例如，你在坐捷運時拿出了手機，你可曾想過為何會這樣做？是因為覺得很無聊、沒事做，所以想用手機上網或發簡訊來打發時間；還是已經養成只要一搭捷運，就會不由自主地拿手機出來看的習慣呢？

另外，你又是因著怎樣的想法來寫簡訊呢？是因為「我收到他的簡訊，所以一定要回覆」，還是「其實我不太想傳簡訊給這個人，但如果不回又不知他怎麼想，所以還是回一下吧」？又或者，你是產生了「我想傳簡訊」的自覺，所以才去做這件事？

如果你是因為真的意識到自己「想要發簡訊」的欲求，那麼就連你所寫的簡訊內容也會吻合自己的心情，因為這是在你心有所感下所寫出的文字。否則做著做著感覺到你聊或厭煩的話，你也會將手機收起來的。

請檢視一下自己的心情吧！

感覺自己的感受

雖然以手機傳簡訊這個例子只是件小事，但若你總是在像這樣沒有自覺的情形下做事，那麼可能會在不知不覺間對自己造成傷害。

不僅如此，除非你正專注於你在做的事情，因而心無旁騖之外，否則不光是無法察覺「想不想做」這樣的意念，就連覺得快樂、開心等的正面情緒也會逐漸消失。所以即使是從手機傳簡訊之類的小事裡，也能測試出你是否重視自己內心的真正感受。

對人生越感到厭倦的人，就越容易忽視自己的情緒。因為無法體會到正面的情緒與能量，自然也就無法產生滿足、充實、幸福的正向感受。也由於這些感覺是很理所當然的事，所以我們往往會在不知不覺間就忽視了。

因此，**請先從「嘗試感受當下正在進行的事」開始吧！**這是讓你踏出重視自己的第一步。

03

凡事只能靠自己？

你對工作的期待是什麼？

在第一章當中曾提到，如果忽視自己的情緒，會陷入「以他人為中心」的痛苦活法中，結果往往讓你堅信：必須隱藏自己真實的感受，不能表現出脆弱的那面，一切必須憑著一己之力努力達成。尤其是那些自我要求嚴格的人，這樣的想法更是根深蒂固。

當然，這種「嚴以律己」的態度，是你強加給自己的義務與責任，和「毅力」完全是兩碼子的事。

有一個人曾對我說：「其實我很想要好好工作，但我就是辦不到。」

但我認為如果他真的「想要」做好工作，就會因為充分體認到那份渴望與欲求，進而讓自己產生正向而積極的動力。

但是，當他說出「其實我很想要好好工作」時，他真能確定自己感受到的是積極而正面的情緒嗎？我認為他倒不如該充滿擔憂地說：「我一定要努力做事才行，要是一直沒辦法專心工作，說不定我會被裁員。我真的好怕會發生這種情況！」這樣才符合他真正的心情。究竟為什麼他非得裝出一副「嚴以律己」的態度呢？

原來，不安是源於童年不被認同的記憶

在討論這個問題前，請你先回想一下，昔日在家中，你與父母間的親子關

係如何呢？

在家中，你的感受及意志曾受到重視嗎？

當你將自己的想法告訴父母時，他們是否會恍然大悟地說道：「這樣啊！原來你是那樣想啊」、「原來如此……，強迫你那樣做真是抱歉啊！是我不好，完全沒考慮到你的心情！」父母這樣體貼回應你的次數多不多呢？

又或者他們總是單方面指使你、命令你，將他們的意願、價值觀強加到你身上，對你無法達成任務和失敗也多所責備、怒罵？

如果你的情況屬於後者，那麼你一定會將所有心思執著在「我想被父母認同！我想要得到讚美！」的想法上。而在出社會後，也繼續套用那種意識。

因此在公司裡，每當你遇到和家庭教育環境類似的場合，或是你產生相似的心境時，你就會運用在家中形成的那套親子相處模式來應對。

在家庭教育裡，要是你一直不斷被灌輸「只要你肯做就一定能完成！之所以沒辦法成功就是因為你不夠努力」的想法，那麼在公司裡你也會很想得到主管的認同，所以你一定就會像想要博得父母肯定般地拼命表現。

在家裡、學校裡，確實只要遵照雙親或老師的要求，就能不辜負他們的期望。然而在職場上，「只要努力工作就可以被肯定」的想法卻是行不通的。

例如，你對是否能完成份內工作會感到惶惶不安。但向來你一直都深信「絕對要靠自己獨立完成工作」，因此你無法承認自己害怕的情緒，否則你就會發現原來自己是個「懦弱的人」。所以你一邊壓抑著焦慮不安的情緒，一邊想著一定要靠自己的力量堅持到最後。

建議你先不要在意工作完成後的結果，而要先對自己承認有著「原來我是因為被賦予工作重任，所以才會覺得不安」這樣的憂慮。

04

承認脆弱的勇氣

「上司訊號」真可怕？

你不敢承認內心感到不安，是否因為這樣就代表你承認自己是個懦弱無能的人？

那麼，對自己隱藏「正壓抑不安情緒」的這種行為，是否能讓你變成堅強的人呢？

也許你堅信，這個問題的答案是肯定的。

但要是回顧過往，你應該會發現這樣做的結果早已得到印證：你正是因為一直壓抑著不安的情緒，所以才會陷入對任何事都提不起勁的心情當中。

舉個例子來說。假如你遇到下列的狀況，會如何處理呢？

你坐在辦公桌前，由於迫在眉睫的工作期限讓進度無法順利推展。然而，越是急著完成工作，你就越難釐清思緒。「得快點工作」的焦慮感吞噬了你，讓你壓力很大。

此時你發現主管正朝你走來，你只能瑟縮著身體，擔心被問及工作進展時該怎麼回答。

由於你太在意他人的看法了，你會開始想：「如果他問我，我要怎麼回答呢？」、「如果他知道工作沒什麼進展的話，我是不是會被罵？」

所幸主管沒開口詢問工作進度，但你還是會覺得他經過時他看了你一眼。

不光是工作上的事，你也開始變得很在意主管的目光，讓你無法專注於工作。一旦惡化到這種程度，別說是工作的進度了，光是把心思放在工作和主管之間打轉，就已經使你精疲力盡了！

在工作過程中，其他新的問題可能也會接踵而至，倍感壓力的你會質疑：「我可以繼續這樣做嗎？萬一我弄錯的話……」。可是，你無法向主管詢問，因為你覺得如果問話不得體，會被怒罵道：「你連這種事也不會嗎」、「怎麼進度還卡在這種地方」。

光是想像那種場面，就已經令你手足無措了。

如果每天持續用這種心情上班，別提要樂在工作了，上班對你來說根本就是如坐針氈，而且你的自信心也會一點一滴被消磨殆盡。

獨自承受著不安，讓人精疲力盡。

告訴自己：「我已經夠好了！」

一直以來，你在感到痛苦時都會想著：「我一定要靠自己努力撐過去」。也許你是因為害怕找人商量；也或許你誤以為忍耐到任務完成，自己就能變堅強。無論是哪種原因，總之，面對難關時，你幾乎都壓抑著自己的不安與無助，獨自承受著一切。

不假手他人幫忙，單靠自己努力就能完成工作，這樣固然很有成就感，但還是希望你能先記住：「**忍耐地努力到底，和能面對他人充分表現自己，是兩種完全不同的能力**」。

試想，如果你獨自閉關修行，這樣和他人的溝通能力有可能進步嗎？不用說也知道，就算可以增進單獨生活的能力，但也無助於提升溝通能力。

當然，害怕表現、一旦展露真實的自我就自責不已，也是種沒有意義的行為。因為比這件事更重要是：回顧過去父母對自己的教育方式，然後告訴自己：「僅憑一己之力也沒辦法完成是很正常的事」，並自我激勵道：「你辛苦了」，這麼做才是真正的堅強。

或許，你的父母並不允許你表達內心真實的想法。若果真如此，那麼不敢承認自己心懷恐懼也是理所當然的事。

總之，相信自己一直做得很好，比什麼都還來得重要。

05

挨罵的技術

不喜歡「輸」的感覺

要更瞭解自己，還有另一項必須注意的事。

如果你害怕表現自己，可能是因為在你內心深處有著「要和他人對抗」的意識。

現在的你可能覺得「對任何事都提不起勁」，內心也一直委靡不振，但這或許是你「老想著要贏過對方」的後果。

也許你會抗議道：「才沒有這回事！我打從心底討厭和他人對抗」，但或許這其中是隱藏著你「不甘示弱、不服輸」的潛意識。

很多人都會認為：「不能被別人發現自己的弱點，否則就會被瞧不起。」其實，這種想法表示你比自己想像中還要害怕失敗。

越是在意他人的看法，就表示對他人越懷有「我想得到認同！我想得到肯定！我想獲得讚美！我想得到關愛！」的期待。因為那代表你缺乏自信，只要對方沒有點頭表示讚許、沒有給予「我知道你要（表達）什麼了！」這樣的肯定，你就無法安心。

不懂得自我滿足的人，只要沒得到他人「你很厲害！了不起！你做得非常好！」的讚美之詞，就越容易被不安所控制。他們往往會希冀從他人身上追求或強求讚美與稱許，藉以建立自信心，獲得滿足。

在努力的過程中希望能獲得他人的認同，是人之常情。但要是因為太在意能被肯定而讓自己感到痛苦的話，又會是什麼樣的情況呢？

你會因為缺乏自信，覺得沒有任何人認同你；也由於你太在意他人的反應，使得這件事看起來似乎很嚴重。此外，只要和別人一比較，你就會覺得自己「已經輸了」，並對此感到沮喪不已。

態度傳達出你心中的OS

設想以下這種情境。

假如主管對你怒吼道：「為什麼出事前你都不說？如果你不瞭解，問一下不就可以了。」但站在你的立場上，可能會想這樣反駁：**「因為我知道說出來你就會這樣對我大吼大叫，所以當然就害怕得什麼也不敢說啊。」**

你的內心深處可能也有「為什麼總是針對我！」的忿忿不平。對於總是會和別人相較的你來說，能想到的原因就是主管對你比對其他同事都更嚴苛。

然而，因為你畏懼主管，所以這種話當然說不出口，只能低頭畏縮地默不作聲。

你那種唯唯諾諾、畏首畏尾的態度，看在主管的眼中又會是什麼模樣呢？想必連你也知道自己那種敢怒不敢言的神情與態度吧！然而，這樣的表現，是否也潛藏著你其實是否定或想反抗主管的意識？要是你仔細審視自己的內心，應該就會發現這件事。

儘管你對主管心生畏懼，但如果那種害怕的感覺是藏在潛意識裡，**那麼實際上你所表現出來的，很可能是對主管抗拒與不滿的態度**。若你是打從心底的害怕，更可能引發主管對你產生「霸凌」的心情。

也就是說，也許你認為自己是因為主管的斥責才會畏縮，然而對方也可能是被你這樣的態度所刺激，因此才會想對你怒吼。人與人之間不光是因為彼此個性差異而形成不同的人際關係，其互動方式其實也會相互影響著彼此的言行，這就是所謂的「交互作用」。

也許你對於向你發飆的主管無能為力，但這時更重要的其實是客觀地檢視自己的態度，瞭解自己在主管的眼中是什麼樣子。

因為即使你不和主管正面衝突，你也會產生出「如果我能改變自己就好了」的想法。即使只是隱約閃過這種念頭，對你而言也是一個重大的進步！

06

職場人際關係不適症候群

隱藏在忍耐背後的不服輸個性

面對對你怒吼的主管或同事，如果你覺得自己「真怕跟他們說話」，甚至是「怕輸、怕受到傷害」，那麼你是否察覺到：在你內心深處其實也有「想與之對抗」的念頭？如果這樣的念頭夠強烈，在面對會攻擊自己的對手時，你多少也會產生「我絕不能輸」的想法。這種即使很害怕，卻還是想戰勝對方的願望，還真是很難實現。

但是，如前文所述，人際關係是建立在「我和他人」之間的互動關係上。

因此主管會對你怒吼，就是因為當你表現出畏懼、否定的情緒時，也一邊用忍耐的態度應對著。看到你這種模樣，主管才會越來越生氣。因為從這樣的角度看來，你等於是堂而皇之、光明正大地和主管處於敵對狀態。

其實你並不想與對方產生衝突，但在面對別人時卻總是沒有釋出善意，相形之下就像是故意擺出敵對的姿態。在這種情況下，即使你只是個畏懼狀態的弱勢者，還是讓情況演變成與他人對立的狀態。

你散發的友善輻射能量有多強？

這種敵對的情況不只會發生在你和主管間，在你與同事相處時也履見不鮮。

雖然我們一再強調「要重視自己的感受」，然而這件事要比想像中困難多了。

例如，如果你深信「開朗的個性比較受歡迎」，因此為了被人喜愛，你會想成為個性開朗的人。但「我想成為」的想法，終究只是你個人的期待，並不是源自於內心真正的情緒。當你產生「我想要受歡迎」這一類的念頭時，事實上還可能夾雜了你認為「人都是很可怕的」的恐懼。

如果你無法自覺到其實心懷這種恐懼，那麼當想親近他人時，反而會感受到「那個人老是對我不理不睬」、「大家都在排擠我」的不友善。然而，就像是情緒狂飆的主管眼中看到的你一樣，如果你「害怕同事」，那麼那份恐懼也會忠實地傳達給對方，他人也無法從你身上感受到其實你滿心期望能「和他人親近」。

也許你自己早就對同事產生出抗拒的想法。

「保持現狀就好」的人際求生術

一個在乎對方一言一行的人，會因為內心被他人的一切所占據，而無法意識到自己是用什麼樣的心情和他人打交道。

正因為你無法自我察覺，所以連自己是表現出什麼樣的態度與表情也毫不自知。

即使表面上再怎麼面露笑容，你的意識也會確實地傳達給對方知道。而且，在同事看來，你畏懼的態度反而顯現出你一直拒人於千里之外。

如果以前面提到人與人之間會產生「交互作用」的觀點來看，你對同事的態度就像是被主管覺得你正在反抗一樣，不但表現出否定對方的意味，也傳達出「走開！不要靠近我」的訊息。

如果你因為人際關係而感到內心受創，甚至到了「唉！我看什麼都討厭」的地步，那更要承認自己的確「我其實很怕和人接觸。雖然我感到很寂寞，但只要和人在一起，就會讓我感到更痛苦」。然後，接納並且安慰自己：

「對我而言，保持現狀就好！因為這樣才是比較輕鬆的狀態。」

07

「我不想幹了！可是……」

當你活在抱怨的世界

如果你每天煩惱著「我好想辭職」，卻始終沒有採取行動，**那代表你是藉著每天發出「我好想辭職、我好想辭職……」這樣的牢騷，讓內心取得平衡，否則就會沒有動力去上班**。

但是，這種以心生抱怨、滿腹牢騷來達到的「假和諧」，不只會影響到工作的狀態，對於其他的生活面向也會產生極大的負面效應。

以另一個例子來看。假設，你正考慮「是否要和另一半離婚」這個問題。

然而實際上，你始終無法下定決心，因為你可能有許多無法斷然付諸行動的理由，例如：覺得恢復單身很可怕、經濟上無法獨立、面子上掛不住等種種原因，或是已經失去重新出發的動力等等。

又或者會用一些理由來說服自己，像是：「我好想離婚啊。等孩子再大一點，我就離婚吧。要不然等找到工作後，再來考慮這件事好了。」將希望寄託在「總有一天，我應該會離婚吧」的想法上，而繼續忍受目前的家庭生活。

換句話說，這只是靠著「我終將會離婚」的自我安慰，讓自己對未來能抱著一絲希望，藉此在保持內心平衡的同時，能安於現狀的姑息心態。

辭職不是解脫的萬靈丹

當然，並不是說這種讓內心取得平衡的方式不好。但更重要的是接納自己下面這樣的想法：**「原來我是因為害怕辭職（或是害怕離婚），才會讓害怕的感覺掌控了自己。」**。如果你沒有察覺到潛藏在自己心中的恐懼，想離職的心情只會日益嚴重，使你陷入天人交戰中；並且，「我還是做不到」的想法，也將不斷消磨你心中的動力。

一心想要辭職的人也許會說：「就算承認自己會害怕又能怎麼樣？反正也不會改變任何事吧？而且就樣做反而會讓自己更累，所以才會覺得煩啊！」

然而，真的是這樣嗎？

那麼，先實驗看看吧。

請你試著大聲唸出下列句子：

「我不想上班了！我要辭職！我要辭職！我要辭職！我要辭職！我要辭職！」

在這裡先暫停一下。你有什麼感覺呢？是不是越說就越覺得辭職這件事很困難呢？

接著，你對自己坦誠「因為覺得害怕，所以才不敢為之」的感受後，再大聲唸下面的句子：

「雖然我一直不想幹了，但跟『想辭職』這件事比起來，我覺得辭職更可怕。」

原本還堅信只要辭職就能脫離苦海的人，可以發現問題的癥結，其實不在於你辭不辭職，而是目前的狀況雖然讓你感到痛苦，但你始終無法面對自己的內心，所以才會遲遲一直無法提出辭呈。

如果你能像這樣想認清自己的本意，心情就能稍微放鬆一些。

我常常會對前來諮詢離職問題的人說：「除非你改變自己，否則不管辭職幾次，你還是會陷入相同的狀況。」即使能順利離職，也不能在根本上解決所有的問題。因此，**和自己進行開誠布公的內心對話，對你才是種進步。**

08

就像每天只存一塊錢，一分鐘也能練出專注力

閉眼靜默一分鐘

當然，如果你真的工作得很痛苦，甚至到了難以忍受的程度，那麼辭職也是一個辦法，並不是任何事都要堅持到底不可。

只是你面對的狀況，是不辭會覺得痛苦，辭了又會感到害怕的兩難，不管是何種選擇，你的內心都會受到折磨。長期下來，你很可能會逐漸演變成「事情變成什麼樣都無所謂了」的自暴自棄心情。

若是你處於左右為難的抉擇時，那就趁你正式辭職或不得不離職前，先來

進行一次「以自我為中心」的練習吧！

雖說是練習，但也不算是很困難的挑戰，只是先從做得到的事情開始著手就行了。**我稱之為「每天存一塊錢」的練習，它就像儲蓄一樣，有積少成多、聚沙成塔的特質。**

你不必花費心思進行困難的挑戰，而且因為是從輕而易舉的小事開始著手，所以不用害怕失敗也能完成任務。在你還沒有面對他人進行練習的勇氣前，請先從自己能單獨辦到的事開始著手吧。畢竟，生活中隨處都有能讓你獨自完成練習的機會。

你是否能閉上眼睛一分鐘，而且保持靜默不語呢？現在，就請你試試吧！

這時，你有什麼感受呢？

如果你旁邊有人，可能他正在看你，這時你是否還能保持心平氣和呢？如果你一直很在意他人的目光，哪怕只有一分鐘，你也會覺得非常久吧？

接著，將意識集中在耳朵上，你是否覺得自己已經伸出了感應周遭環境的天線呢？如果你在意他人的眼光，那麼這時身體應該也逐漸緊繃了起來。

越是處於心煩意亂、覺得凡事都不如意的人，就越容易坐立不安，覺得周遭吵雜不已，甚至在這一分鐘內都無法安靜闔眼。

身體放鬆的練習

接下來，請大口吸氣，然後讓臉部、肩膀、腹部、臀部以及四肢同時用力，讓全身處於緊繃的狀態。

然後，一口氣把吸入的氣全部吐出，同時放鬆全身的力量。

現在，請你感受這種放鬆的狀態，並讓呼吸步調趨於緩慢。你會發現自己的身體開始變輕盈，感覺也更自在。

像這些小動作能帶你到達從未探索的世界，也將成為你「每次存一塊錢」的舉手之勞。

不過，也有些人完全無法感覺到放鬆。也許這是因為他們太過在意他人及周遭環境，結果不但無法專注於自身，也因為在意他人而壓抑了自己的情緒和體會能力，這樣可以得知你對於自身感覺的敏銳度已經變遲鈍了。

假如你是這樣的人，那麼先讓自己維持目前的水準就夠了。

無論如何，透過這樣的練習，也能讓身體開始比平時還要放鬆。繼續進行

「確實體會舒適感」的練習。

吸氣
大口吸氣後，將全身的肌肉用力緊繃。
呼氣
接著一次將氣全部吐出，並且讓全身放鬆。
只要將全身的力量放鬆，呼吸就能變得更輕鬆喔！

這樣的練習，不用為自己難以達成目標而感到悲觀，只要你持之以恆，一定能讓身體的敏銳度逐漸恢復。

總之，在一開始練習時即能發現自己的敏銳度是處於遲鈍的狀態，就是一項重大的突破，能做到這一點就已經很不錯了。

第三章

〔擁抱在人際關係裡的脆弱〕
從學會與自己相處開始

01

你覺得自己是無用的人嗎？

「為什麼挨罵的總是我？」

以下是某個職場上的工作場景。

當A覺得有些疲倦正在閉眼休息時，上司見狀便罵道：「你在偷什麼懶啊！拜託你工作效率再提高點。」

然而，在B閉眼休息時，上司卻會安慰說：「辛苦你了！你一直都這麼努力工作，所以很累了吧。」

Ａ看到那樣的場面，於是對上司感到不滿：「明明都是閉目養神，為什麼Ｂ被稱讚，而我就非得挨罵不可呢？」

在Ａ氣惱的同時，也將自己和Ｂ兩相比較，結果反而讓自己更沒自信。

後來Ａ和Ｂ一起合作。Ｂ可以俐落地處理份內的工作，反觀Ａ則是無法讓工作有所進展。

就在Ｂ完成工作後，開始準備稍做休息時，Ａ就在心裡抱怨Ｂ：「什麼嘛！既然事情都做完了，那麼過來幫幫我不是很好嗎？」

雖然Ａ也知道是自己是心懷偏見，但卻無法克制這樣的想法。

而且，Ａ的心理障礙不光是對Ｂ有所成見而已。每次Ａ只要一看到上司，就怕自己看起來動作慢吞吞，上司會突然抓狂怒吼。

後來，B注意到A的工作狀況，因此詢問道：「如果你覺得方便的話，可以讓我來幫忙嗎？」A一時間愣住了，不知該如何回答，只能含糊地回答：「咦？喔！」

雖然透過B的幫忙讓A減輕了負擔，但A的內心卻感到五味雜陳。他冷眼旁觀著B幹練俐落的工作態度，心想：「唉！雖然我們是同期進入公司的同事，但他現在卻已經遙遙領先我了！」這樣想著，A的意志就更加消沉了。

開口求助，不會沒面子

對於這個例子，你有什麼想法呢？

如果你是個缺乏自信的人，一定也會對A的想法覺得心有戚戚焉。因為你總是對事情總是持負面看法，認為自己很沒用，當然就會喪失鬥志。

和別人相較，覺得「自己很沒用」時。

想像「能對比自己『能幹』的人提出請求」。

要是這時你能開口對Ｂ說：「請問你能幫我做些事嗎？」也許就能緩解內心的不安。

當然，對現在的你來說，向別人求助是種高難度的事，可能還會覺得：「要拜託對方幫忙？那我豈不是很沒面子？」

如果你真的這麼認為，那麼最起碼你就先想：**「如果有一天，我能開口拜託別人幫忙就好了」，承認自己需要求助，坦然接受「自己做不到」的事實，然後讓負面的想法就此打住。**

做不到，又有什麼關係

其實，對事情抱持著「我辦不到」的態度並不是壞事。

看到這裡，請千萬不要誤解我想表達的觀念！當你因為「辦不到就開始退縮」時，其實都是有原因的，這通常是因為你過去的經驗所致，然而在現在這個時間點上，你並不需要剖析這個理由的來龍去脈。

讓自己衷心認為「既然現在辦不到，那就希望自己將來有一天能辦到」，才是更重要的想法。因為「現在辦不到」這句話，會在你人生中成為勉勵自己「總有一天辦得到」的座右銘。

02

重拾昔日的活力

小傷害會累積成大創傷

你過去受傷的經驗，即使對你並沒有達到心理受創的程度，但都可能或多或少會影響你一輩子。

而且，要是在每天的生活中不斷遭遇相同的經驗，那麼即使是「小傷害」，也會因為在傷口尚未癒合時重覆累積創傷，而逐漸演變成「大創傷」。

在前幾篇文章曾提到的「我一定要聽命行事」或是「我非做不可」的想

法，也都是因為你在不知不覺間一直按照他人的命令行事，始終壓抑自己的意志，而讓你逐漸喪失自我，變得毫無自信。

以下是常出現在日常家庭生活中的景象。

父母會用命令的口氣對孩子說：「別隨便把書包亂丟在那個地方！快點給我收拾好！」或是擔憂地叮嚀著：「穿得這麼少會感冒的！快穿上這個！」

這些情況在你童年時是否似曾相識？在學校你也會被強制要求：「不能做那個，一定要做這個」之類的規定。此時，如果你堅信「我一定要遵從父母、老師所說的教誨」，對於服從那些指示、命令或規則，或許會認為是理所當然的行為吧！

那麼，現在已長大成人的你又是怎麼想的呢？

你是否會意識到「要不要服從都是我的自由」？還是像以前一樣，認為「服從是不容質疑的」呢？或者你根本就不曾懷疑過這些事？即使在你按別人所說的目標前進時，你可能還會認為這是天經地義的。

享受「打從心底」產生的喜悅

當你產生「我才不想做這件事」的念頭時，會怎麼處理呢？

如同在前一章裡所述，在你思考的認知裡認為「非做不可」的事，在你內心中的真正情緒卻可能是「我才不要呢」。

如果你以自己的情緒為前提做考量，是否能做出「因為我一點意願也沒有，所以乾脆就別做了」的決定，並在事後衷心地認為「幸好我沒做那樣使」，而且也不會自責：「唉！我（明明非做不可），結果卻沒做那件事！

我真是沒出息啊！」

你是否能打從心底對自己的這項決定感到慶幸知足呢？

這種「打從心底」產生的感受是非常重要的。

要是你因此內疚不已的話，那你只會覺得：「繼續自責會讓我覺得痛苦，但不去做我也會感到痛苦。」不管如何，你得到的結論都會是：我真是個沒用的人。

當你懷念過去的自己

前來諮詢的人，常常會拿以前的自己和現在的自己比較。

他們會說：「雖然我現在很沮喪，但以前的我可是很有精神的。所以我想變回以前那個精神百倍的自己。」

然而事情真是如此嗎？

事實上，你因為常壓抑感受和情緒，讓自己陷入「非做不可」、「非得如此」的困境中，終於使你瀕臨無法忍受的底線。

這才是迫使你處於「現在這種狀態」的真相。

03

找到你的人際舒適圈

解決無法與人深交的難題

如果當你與他人親近時，卻陷入「真難和人混熟」的煩惱中，那麼有可能是你潛意識裡並不是很想和人打成一片。

例如，當你在文化交流中心上課時，看到不遠處有幾個彼此很要好的人聚在一起聊天，但你對大家快樂地嬉笑並不感到羨慕。雖然你也覺得「如果我能像他們那樣開心地交談就好了」，卻始終無法打破和大家的隔閡。結果在產生疏離感的同時，你開始覺得這樣的自己相當悲慘。

如果某次C邀請你加入大家的行列時，你是否能對邀請你的C誠懇地說句「謝謝」呢？還是會暗自揣想：「他一定是因為同情我，才會讓我參加」，並且覺得這樣的自己很悲慘呢？

接著，身在群體中的你會感到很快樂嗎？還是你在察言觀色中，拼命地想配合大家的話題，並且費盡心思不擾亂愉快的氛圍呢？

結果，你無法跟上大家的話題，只能沉默以對。雖然你靜靜地聆聽，但談話內容卻沒有傳進耳裡，因為你的腦中已經執著地充滿著「大家到底都在想什麼呢」這類的想法。

怎麼做也無法融入交談的你，沒多久就覺得自己像是個外來客，開始感到自己難以待在團體當中。

不為難自己的自在

或許你已經發現，不論在任何狀況下，你總是會選擇負面想法。也因為這樣，不管你是獨處還是在群體中，都會感到痛苦。

如果情況繼續惡化，你就會不自覺地陷入自我厭惡當中，開始自暴自棄地認為「反正不會有人來找我聊天」。

在此，希望你能先記住一件事，那就是：你眼中看起來「似乎正愉快交談著」的人，其實也是和你抱持著相同的心情待在團體中。

並不是只有你覺得「一個人獨處會感覺自己被排擠在外，而且和大家一起聊天又不一定會快樂」，只是其他人和你略微不同之處在於：和你相比，其他人或多或少都會將焦點放在「當下」。

你之所以無法專注當下、著眼此刻，你可能是因為你正被思考或是其他因素所制約。例如，你或許想起曾受傷的經驗，或是對未來的事感到不安。在胡思亂想時，通常都會想到不愉快的事，讓人感到精疲力盡，導致陷入「我已經撐不下去」的絕望感。

相對地，在你看來很快樂的那些人，他們會在一個人安靜獨處時，對著無意間瞥見的花朵發出「真是漂亮啊」的衷心讚嘆；又或是在看到新生兒時，會忽然察覺到自己內心溫柔的那一面。

這些人即使有時會失去衝勁與動力，但不會一直放任自己沈溺在沮喪中。他們能不被念頭或想法帶著跑，讓自己處於安心而專注的狀態。

在和人相處的時候，即使會產生不自在的疏離感，他們還是能察覺到有人會回應自己，或是發現某人的話是很有趣的。

這都是因為他們能以正面的想法察覺「當下」的那一瞬間，把能量集中在「現在」，把焦點放在此時此刻的想法與感覺上，不會心有旁鶩。

專心體會你看到、聽到、感覺到的事物，活在當下，認真生活，試試看，你會更容易感到快樂。

04

做自己最好的心靈伴侶

寂寞殺傷力大

任何人都無法獨自生活著。

我們的生活周遭常會充滿許多人，不論去超市、便利商店、郵局或銀行等各種公共場所，都會遇見來往的人潮。即使我們是單身獨居，但只要感受到周圍人們的動靜也能令自己安心。因此，我們不會感受到離群索居的可怕寂寞。

但是，如果真的遭到孤立的話，那我們就會害怕寂寞，甚至到無法忍受的地步，畢竟人類就是會恐懼孤獨的。

據說，美國曾經透過實驗測試學生忍受孤獨的限度。他們讓學生待在小房間裡，這個小房間不但設置了足以形成孤獨狀態的隔音設備，而且也將其中的視覺刺激降低到最低限度。

從實驗結果發現，沒有一個人能在此狀態下忍耐三天以上。其實，即使不需要那種實驗的印證，我們與生俱來的生物本能也會知道孤獨的可怕。

因此不管是誰，如果沒有和人見面或說話的機會，我們就會開始想要和他人交流。如果有受到孤立的感受，我們就會開始希望有人可以待在自己身邊。

你渴望被愛，卻忘了先愛自己

只要有人待在身邊，你就不會感到孤獨。但光是這樣，還是無法令人感到滿足。我們更想要被他人關愛，期待身邊有瞭解自己的人。

當被孤獨打擊而意志消沉時，就會越渴望「希望對方能認同我、愛我」，這完全是源自於「渴望」的想法！

當你對自己說：「希望有人認同我、瞭解我、關愛我，也希望有人肯親近我」後，有什麼感受呢？

現在你所體會到的那份心情就是「渴求」，你渴求「他人瞭解自己、認同自己」，你正在向他人索求，希望他人可以滿足你那份渴求。

然而，那個「他人」又是誰呢？是不是其實根本就是「你自己」呢？

當你「想要被愛」的感受不被他人認同時……

你是否能滿足自己的渴求？你能認同自己嗎？你瞭解自己嗎？你能體貼自己的內心嗎？假使你陷入那種渴求的心情時，如果「他人」附和你說道：「原來你覺得痛苦啊？這是當然的。你有這種感受是可以理解的呀！嗯嗯……對啊。」，你會有什麼感受呢？要是聽到有人這麼對你說，你內心是不是會舒坦一些？

如果答案是肯定的，那麼上述的那些話，不要要求「他人」，而是要你對自己說。

這就是認同自己。這就是瞭解自己。這就是體貼自己。

05

是喜歡，還是依賴？

自我犧牲的愛

在自我中心心理學當中，如果想得到愛就要先照顧自己，不過這絕不代表可以完全不顧慮他人。

之所以會產生這種誤解的人，也許就是因為他們正陷入以他人為中心的感受裡，並且缺乏善待自己、以自我為中心的經驗。

所謂「先照顧自己」的真正涵義，就是**「透過尊重自己，也能讓自己更尊重他人」**。

在日本，有時候會將「犧牲小我，完成大我」視為美德。如果從自我中心心理學的觀點來看，「以自我為中心」和「犧牲小我，完成大我」，這兩件事是互相矛盾的觀念，但我希望你能對「犧牲小我」這一點加以思考。

因為很多人在犧牲小我後，反而會讓狀況更加惡化。越是自顧自地努力付出，也越有可能被對方背叛，或是讓對方失去自信、失去生存動力。

你相信「越是愛對方，反而會越讓對方變得更沒用」這個論點嗎？

當你以他人快樂為己任

請你站在與此相反的立場來思考以下這個狀況吧！

假如你的公司由於景氣不好而倒閉，你也因此深受打擊而對任何事都提不起勁。

這時因為因緣巧合，你開始逐漸搬進情人的家中。不論是三餐、洗衣還是鋪床，你的情人都會為你打點好一切。

而對方一直相信，只要對你付出，向你傳達情意，你絕對會為他重新振作。

如果你說「沒有力氣出門」，你的情人會擔心你，即使他已經累了，也會馬上為你出門租ＤＶＤ。如果你想出門逛街，他會說：「你就出去散散心吧」，然後將自己辛苦節省下來的生活費給你當零用錢。

當你的身影剛開始消失在他的視線，你的手機就立刻響起來，因為對方會打來關心地詢問：「你現在在哪裡？一切都還好嗎？你在做什麼？下雨了，你有帶傘嗎？需要我去接你嗎？」

情人一心一意只希望你重新振作，於是竭心盡力付出。

面對這樣的情人，你有什麼感受呢？

可能有人會認為：「這樣的話，我可以什麼都不用做了，這正是我夢寐以求的舒服生活啊！」

就生活的實際層面來說，這樣確實是很美好。

但你內心深處真實的感覺又是什麼呢？你會不斷湧現出：「謝謝你！我真開心啊！我甚至有想早點找工作的衝勁了」的強烈欲望嗎？

還是情人越是為你付出，你就越失去鬥志，而且也越來越無法感受到對方的心意呢？

用依賴呈現的不安全感

情人為你盡力付出，多所犧牲，但你的潛意識裡感受到的卻是不同的訊息：**「你要是沒有我就什麼都做不到，你就是一個沒用的人啊。」**

不，這不是你的錯覺，你會有這種感覺正是因為情人在潛意識裡的確是這麼說著。

在對方的內心深處，他無法接受你的真實樣貌，你的形象應該是他理想伴侶的模樣。

雖然情人要求你變成他的 Mr.（Miss）Right，但同時他也對你傳送著矛盾的訊息，那就是：「我想要你依附我，甚至沒有我你就活不下去。」

也就是說，只要你越沒用，越無法獨立生活，你離開對方的可能性就越低，他的內心也能放心依附你。

付出，讓他可以感覺到自己的存在，也換取你的依賴，如此他便可擁有安全感。

所以，你對於為自己百般付出、犧牲的情人會覺得喘不過氣來，是正常的感受。

06

學習跟重要的人說再見

當共同依賴成為沉重的負荷

當我們過度以他人為中心，生活繞著別人打轉時，情緒就會失衡。

就像在前述的例子中，你也許一直將對方「犧牲自己也要為你付出」的行為誤認成愛，而且也努力試著回應那份愛。

然而，你在當下也會感到痛苦、喪失自信，甚至認為沒有情人就活不下去。

只是情人面對那樣的你，或許也正嘆息著：「明明我不斷付出，但我的情人卻是越來越沒用」，並且覺得自己的努力得不到回報。

你依賴著情人一樣，情人其實也在依賴著你。

在這種「付出與被付出」的關係下所形成的「共同依賴」，最後終將會導致你和對方分手，因為這種愛已經成為你的負擔，並超出所能負荷的極限。

「母親病」就是一種依附病

不光是戀人之間會產生這種狀況，就連親子間、職場上或是其他的人際關係也會有一樣的問題。

如果你對生活中的一切都感到疲憊、無力，那麼請想想，你身邊是否有人正在奪走你的生存動力呢？

或許，不是只有你會依賴對方，對方應該也全心全意地依賴你。如果你沒有察覺到這個情況，反而可能會自責「是我自己不好，是我太沒用，讓人太失望了。」

在此以親子關係為例，試著從父母的立場來看看「依附關係」吧。身為父母的你，一旦特定的人（孩子）不在身邊時，就會惶恐不安，甚至會產生「沒人想待在我這種人身邊」的自卑與恐慌。

由於你無法肯定自己的價值，認為比自己優秀的人遲早會離開，於是你在潛意識便會開始思考：「如果是自己的孩子就不會拋棄我了。不過孩子遲早也要獨立，到時他可能會丟下我而自立門戶。那我該怎麼做才好呢？」

接著，你會進一步盤算：「為了不讓自己孤單終老，我要不斷地照顧孩子的一切，要設法做到讓孩子沒有我就活不下去。這樣，我們就能永遠在一起了。」

如果真的能達成這個目的，那代表**你在親子關係中很巧妙地讓自己處於優勢，同時又能光明正大地依附著對方。**

有些母親會坦承：「我的確是這麼想。因為只要孩子一旦長大獨立，我就會不知所措。」

一直以來，你對任何事都會毫不猶豫地責怪自己，即使是在你重視的人離你而去時也是如此。但其實錯不在你，而是因為對方也想依附你，所以才讓你產生這種想法。

如果現在你能察覺到這個事實，就會恍然大悟，也能更疼惜凡事都將過錯往身上攬的自己。

07

把每一天當做一生來過

活在當下，就能自得其樂

有些人獨處時會很寂寞，但和別人相處卻又隨時提心吊膽，擔心自己會令人覺得無趣。也有些人覺得獨處很愉快，但和別人在一起也很不錯，也很開心。

這兩者哪裡不同呢？

不管在獨處或是和別人相處都會覺得很愉快的人，是因為他們懂得「活在當下」。

「活在當下」是什麼樣的情況呢？

舉個例子。有一群人在一個自由開放的空間裡，那些能「活在當下」的人若是覺得自己比較想讀書而不想與人交談時，即使有人在身旁聊天，他也照樣能心無旁騖地埋首在書中世界。

如果大家都在聊天，即使他只是在一旁安靜不說話，他也會專心傾聽，融入周遭的愉快氣氛中，並且感覺到自己也很快樂。

「活在當下」的人就像這樣，不論是獨處還是和別人相處，他都會重視「當下」的感受，自得其樂。

「現在」，是上天給我們最好的禮物

在這個當下，我覺得開心。

在這個當下，我覺得快樂。

在這個當下，我感到幸福。

在這個當下，我感到滿足。

活在當下的人，能用這樣的心態品味「當下」，用正面的想法體會自己真實的存在感。

如果你能專心致意於感受當下，那麼在面對他人時，就會自覺到「和你在一起，讓我覺得很快樂，很滿足。」

要是你在和他人相處時心懷這份善意，那麼這份善意就會傳達給對方。一旦對方接收到，他的心情也會因此感到愉悅，並且想和你打交道。

這樣一想，你會發現，並非「如果對方能迎合我的心意，那我就會感到愛或滿足」，而是**「是否能確實感到愛或滿足，其實由我自己決定」**。

如果你的心思總是沈湎在過去或希冀於未來，游移不定，就會無法專注於現在，專注於當下。所以，忠於自己的感受，活在當下是很重要的。

當然，這並不是要強迫你要立刻就能做到。要是你將自己與能活在當下的人互相比較，反而會產生「我根本做不到」的無奈與絕望。

在這裡舉上述例子的用意，是為了讓你能跳脫出不論做什麼事都感到厭煩的心情。

要是你能發現「原來，只要試著讓自己活在當下就好」這件事，那也算是人生中的重大收獲。

接受處於低潮的自己

對於一直感到絕望的你來說，什麼是當下、此時此刻能做的事呢？那就是接納現在的自己。

現在的你可能充滿無力感，甚至不想見任何人。試問你會否定「心情低落到不想見人」的自己，還是承認自己正身處那種狀態呢？

請你試著專注於「自己正心情低落到不想見人」這件事上，因為這就是你「現在當下能夠做的事」。

請你充分體會自己的感受，並自我安慰：「原來我現在只想躲起來不願見任何人。沒錯！在不知道發生什麼事的狀態下我一直不斷地自責，所以會感到絕望也是在所難免。總之，在恢復精神前，我就先好好地休息一下吧！因為這麼做就是愛自己！」

對你而言，這才是「現在能做的事」。

第四章

〔擁抱在生活裡的脆弱〕

改變內心的負面設定值

01
你和自己的關係好嗎？

有時候，停下來休息也無所謂

要是你老覺得生命中所有的一切都讓你心力交瘁，精疲力竭，那麼打從一早起床開始，你就會無法擺脫令你感到心煩的一連串惡夢。不但起床很心煩，洗臉很心煩，連換衣服也會令你認為很心煩。

你會喃喃自語道：「唉！真不想起床。」卻又想著：「但我非得上班不可，千萬不能賴床。」或是：「我一定得幫家人做早餐，只好硬逼自己起來了。」

你是否會像這樣，馬上否認內心的情緒，並強迫自己去做根本不願意做的事情嗎？

這種「煩死了！但我還是非做不可」的想法，反而會進一步刺激你更不想做事的心情。

到了假日早上，只想好好休息，不做任何事的你又會怎麼想呢？你能用「今天總算放假啦！這下我要盡情睡個夠」的心情，輕鬆愉快地窩在被窩裡嗎？

你能對「自己放鬆的狀態」由衷地感到「心情真是舒服啊」；還是會在休息的同時，卻覺得自己像正在做什麼壞事一樣，並且自責：「雖然放假了，我也還是有很多事情非做不可，這樣一直悠哉地窩在床上行嗎？」，然後又哀怨地想道：「唉！明天還要上班呢……」。就這樣，未來一周預定的待辦事項閃過了你的腦海。

這時，躺在床上的你，是否又感到鬱悶了呢？

當你無法體會生命的喜悅

心煩的感受對你來說可能是家常便飯，也許這種感覺對你來說是理所當然的，根本無須對此存疑。又或者你會認為：「我從沒想過自己快不快樂，甚至也不記得自己是否曾經快樂過。」

但要是你保持自覺，仔細觀察這種感受，你會發現自己正身處「無法感受生命的喜悅與滿足」之中。

這是因為，在以此之前的人生，你曾受到很多傷害。

在休息時，你會不會有罪惡感？

例如，以前當你說出自己的感受後，馬上就會被斥責道：「你在說什麼蠢話呀！」，對你加以忽視、否定；或是每當你想做什麼事，就會被禁止、否決，命令你「不要那樣做」，讓你因此畏縮、受傷。

在你的生活中，每天被否定、拒絕這類的事情層出不窮。無能為力的你經常受到這種傷害，是不是當然就會開始自我保護呢？

是的。**為了保護自己，結果你只好忽略「自己受到傷害」的事實，讓感覺變遲鈍**。因此，為了自我保護，「讓感受情緒的敏銳度變遲鈍」才是事情的真相。

02

用放棄情緒自我保護

害怕受傷，成為情緒絕緣體

當感受負面情緒的敏銳度變遲鈍後，確實可以讓自己不受到傷害。因為，當遭受打擊也不覺得心痛的話，你就能忍受那些傷害，讓自己度過各種難關與逆境。

「不去感受情緒」這件事，在某些時期的確對你有益。所以，你先不要否認自己已經感覺麻木的習慣。

首先，最重要的就是察覺並承認：「以前為了保護自己，所以才盡力不去感受情緒。但是這麼做，真能自我保護嗎？」

「自覺」對於我們的人生，一直都是件重要的課題。

請你在此前提下想想「受到傷害後卻感覺遲鈍」這件事，背後代表著什麼意義？

假設你在工作場合中，遇到了下列的狀況。

狀況A：同事說：「你先幫我做」，然後硬是將雜事丟給你，而你無法拒絕。

狀況B：主管在許多同事面前挖苦你說道：「你連這種事都不會嗎？」

狀況C：你之前曾拜託同事做事，同事卻否認：「我不記得我有聽你說過！」

狀況D：你向同事打招呼，但對方卻視而不見。

你可能曾在類似以上不同的狀況中受到傷害，但感覺遲鈍的你卻根本沒發現自己受到了傷害，就像什麼事也沒發生一樣，不細究這些狀況。

你的確受了傷，但卻無法意識到這個事實，任憑這種狀況不斷循環。情況演變到最後，就會像你現在這樣，開始覺得對生活種種都很煩很無奈。

你發現「心」生病了嗎？

即使受了傷卻仍無感，其中還存在著關鍵性的癥結。那就是你為了不讓自己察覺到內心的情緒，所以會不明白「自己為何受到傷害」。

要是無法察覺自己的情緒，你會連發生在自己身上的狀況都摸不著頭緒。

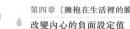

情緒也不會自動走開，除非我們正視它的存在。

「到底是因為和誰、因為何種情況、因為什麼事情受到了傷害呢？」由於你一直無法認清這些事情所產生的具體原因，所以才會對自己的後知後覺甚至是不知不覺感到束手無策。

再加上日後各種大大小小挫折的持續累積，也會讓你長期處於壓力與忍氣吞聲中。但由於平常你對自己的情緒與感覺遲鈍，所以一旦壓抑已久的情緒洪流驟然爆發，你會對自己所產生的反應驚訝不已：「我到底是怎麼了！為什麼會突然失控？」

像你這種情緒遲鈍的人都感到怒不可遏了，所以事情的嚴重性自然是不在話下。

當你身體不適時，你知道某些部位有點痛、不舒服，但你可能尚未發現自己已經生病。直到疼痛越來越嚴重時，才知道自己已經病入膏肓到必須動手術的階段了。

而心理狀態並不像身體的疼痛是能夠被察覺的，所以情況會更糟。由於你一直忽視自己的情緒，所以你根本不懂渲洩情緒的方法。而且在不知道解決與應對方法的狀況下，你就會更害怕察覺自己的感受，進而麻痺自己的情緒。

不去察覺情緒，讓感覺麻木所引發的惡性循環，將你逼進事事都看不順眼的狀態中，這一切才是你感到筋疲力竭、覺得人生無望的真相。

03 不哭，是因為不知道痛

不再覺得痛苦，卻也失去感受快樂的能力

雖然你一直用麻痺情緒的方式來保護自己，但也用不著否定這種反應。因為對於過去的你來說，由於不知道該採用何種應對方法，所以只好用麻痺自己的情緒來解決問題。只是，在保護自己的同時，也使你處於活得無奈又痛苦的狀態中。

這樣說起來或許很矛盾。

因為，既然「無感」能讓自己遠離創傷，但為何處於這種狀態下，你還是會感到很痛苦呢？是不是在這種狀態下，有某種讓你始終無法放棄的事物呢？

也許你還沒察覺到那是什麼，**但其實「潛意識中的你」，是希望能透過放棄某樣東西來保護自己。這種東西就是情緒。尤其是正面的情緒，讓你失去更多。**

也就是說，**因為你害怕失敗、害怕拒絕、害怕不完美，所以你麻痺自己的情緒，很謹慎地不讓自己受傷。這樣做雖然能讓你避開負面情緒，但這麼做的同時也會麻痺你的正面情緒。**因此，你會抗拒付出真實情感，覺得對任何事都提不起勁，或是想拋開一切什麼都不管，就是因為你缺乏「開心、快樂、幸福，滿足」等各種正面情緒的能量。

而且，你犧牲的不只有情緒，連感官上的快樂也會被你忽略。

要是喪失情緒和感官上的快樂，我們就無法體會「生存的喜悅和活著的幸福」，生命只剩絕望和痛苦。

一直以來，你都是靠著麻痺情緒來保護自己，所以，你對於察覺自己真正的情緒才會心懷恐懼。

儘管如此，你還是得努力重拾該有的情緒，才能讓自己從行屍走肉般的生活中解脫。

拿回情緒主導權，從練習呼吸開始

重拾情緒的第一步，就從接納自己的真實情緒開始。

不過，突然要學習誠實面對所有喜怒哀樂的情緒，對很多人來說也許是很困難的任務。

現在，請你先試著透過日常生活中最常做的呼吸動作，來嘗試這份「接納」的感受吧。

以呼吸來說，「接納」就是將吸入的空氣充分運行全身後，再緩慢地吐出來。

在呼吸時，若是不吐氣就無法進行吸氣的動作。當身體吐盡空氣後，就能再次吸入相同分的量。

檢視一下自己的呼吸狀況。如果你習慣輕淺的吸氣，是不是會發現自己重覆著如同嘆氣般的呼吸動作？現在，先不要太在意呼吸的動作，試著以自然的節奏與步調來呼吸。

請你在坐著的狀態下輕輕吸氣，並且放下肩膀，再用嘆氣的方式吐氣。

接著重複相同的步驟：輕輕吸氣、放下肩膀、嘆氣。

在你試過重覆幾次這種呼吸動作後，感覺如何呢？你心中的無力感是不是開始節節上升，也開始垂頭喪氣、彎腰駝背起來了呢？

接下來，請你再試著用正確的方式進行呼吸吧！

在呼吸前，請照著以下步驟進行。

讓全身肌肉緊繃後，再一口氣放鬆全身的力量。

接著保持放鬆狀態，只讓劍突部位（胸骨下端）的肌肉用力緊繃，然後再瞬間放鬆下來。

然後，將身體挺起，用鼻子以緩慢的節奏深深吸氣，然後再慢慢地用嘴巴吐氣。進行此步驟時，盡量讓吸氣量和呼氣量保持差不多的狀態。

請照著以上步驟進行五至六次，再回復正常的呼吸方式。

在進行過以上的呼吸練習後，你有什麼感覺呢？身心是否稍微變得比較輕鬆了？

或許你只有些微的改善，但是不是至少覺得比較有精神了呢？

你目前的這種狀態，就是近似於「接納自己」的感覺。

專注於呼吸，是我們隨時隨地都可以進行練習的活動。每天花一點時間把注意力放在呼吸上，慢慢地，你就會發現自己培養出專注的力量，也更容易自覺到自身的情緒。

04

擁抱脆弱，你會變得更堅強

停止和自己對抗

接納自己的情緒，也是在「包容」自己的情緒。

一直以來，你都在告誡自己：「我不可以情緒化、我不可以哭。我一定要忍耐，要變得百折不撓。我不可以因為一點小事就允許自己示弱。我要變得更強大，成為更勇敢的人。」

因此，你一直否定自己的情緒，一直否定脆弱的自己。事實上，你還不肯正視「脆弱」這個詞。

只是，你仍會要想說出軟弱的話語。這有可能是因為你已經筋疲力竭；或是在各種關鍵場合下，你用了不正確的方法保護自己，因而不斷地自我傷害。**也可能是因為在不需要繃緊神經的狀況下，你卻和他人或自己進行著沒有意義的對抗**。

一直不願意承認身心俱疲的人，其實就是「你自己」。

別急著趕走情緒

就意義層面來說，「自我接納」和「自我療癒」是相同的。即使只是自我接納，也能治癒你心中沈重的疲憊感。

不過，現在的你要是貿然恢復對於感受情緒的敏銳度，也許之前曾經歷過的心理創傷會突然蜂擁而至，甚至讓你畏懼承認自己的情緒。

所以，學習如何接納自己的情緒是很重要的課程，我們要用「漸進式」的方式來進行練習。

如果你質疑：「所謂的接納，到底是什麼呢？要怎麼做才能接納自己的情緒呢？」

別忘了，在前文中你已經透過呼吸進行練習過接納的課程，所以已經先打好基礎了。

現在，回想當時練習呼吸的情況，並感受你內心深處所產生的情緒。在過程中，即使是負面的情緒，也要全心全意地用身體去感受。這就是不否認自己情緒的狀態，也是種「勇敢的脆弱」。

如此一來，你就可以正視自己的情緒。**唯有全面接納自己的情緒，即使是負面情緒，也不要急著趕走它，和它和平共處，你才能感到輕鬆。**

只要不否認任何情緒，你就能感到輕鬆

正因為你能坦承自己的情緒，堆積在內心深處的負面情緒才會消除。反過來說，如果可以消除負面情緒，那麼你的心情一定也會變得坦然自在。

只要內心安適寧靜，那麼身體也自然能放鬆，呼吸也會變得緩和又深沈。

把負面情緒說出來

一直以來，在你心情低落到什麼都不想做時，腦中可能會出現這樣的雜念：「我明明知道不能就這樣下去，可是我卻……」、「我很想再做一下，但就是辦不到。」

當你陷入上述這類的狀態時，一定會很焦慮不安。

但是，請你先不要去思考「現在該怎麼辦」，而是試著察覺自己焦慮不安的情緒。然後對自己說：「喔～原來我現在覺得很不安啊。這也沒辦法啊，因為我本來就不知道該如何處理，所以我會覺得不安是理所當然的啊！因此這也什麼大不了。」

像這種利用言語的陳述方式，說出心中的感受，能讓你接納自己不安的情緒，心情也會更平靜。

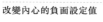

05

自覺，從啟動情緒雷達開始

依靠不是依賴

當你陷入無能為力的狀態時，會想尋求他人的安慰，並試圖依賴對方，這是因為你無法面對與接納自己的情緒所致。

會造成這種情況是可以理解的。就像人在溺水時，會想盡辦法脫困，只要一遇到任何可以攀附的物品，當然會緊抓著不放。

然而，這又會造成什麼樣的結果呢？不管你如何拜託他人，因為你執著於自己的感覺與情緒中，你依然會無法感受到他人回應或善意，甚至還可能覺得孤立無援。

當你殷切地向他人求助時，你會看不清自己的模樣，因為你只會專注於拼命地抓緊對方不放。

即使對方說：「你已經安全了，這裡的水很淺，你能靠自己的雙腳站立。」但你還是不相信，即使已身處在雙腳能站穩的地方，你還是會不自覺地牢牢抓住對方。

滿足自己的需求

愛或滿足的感覺，不是由他人所施予，而是一種「能自覺的情緒」。

當然，這並不代表你不能向他人求助。就如同德國詩人——蒂德格

（Christoph August Tiedge）在《烏拉尼亞》（*Urania*）所說：「與人分享快樂，你的快樂就會加倍；與人分擔痛苦，你的痛苦就會減半。」

最理想的情況，是不論快樂或是痛苦，你都能和對方分享。不過，那是在能充分感受及掌控情緒敏銳度後才能做到的事。

在達到此種境地之前，與其期待對方能滿足自己的需求，倒不如先以自身的情緒為前提做考量，慢慢進行「愛自己」的心理練習。

06

幸福沒有速成班

慢慢來，一切都還來得及

雖說本書要你練習恢復感受情緒的敏銳度，但對於過分壓抑情緒、忽視自己情緒的人來說，這種事還是很不容易的。

而且，越是想要擺脫這種情況的人，就會越急著想「立即」擺脫它。

然而，就像溺水時越是掙扎就越無法掙脫一樣，我們越想「立即」脫離這種狀況，就會越來越身陷苦惱。說實話，這也是不可能的事。

其實你最該理解的問題癥結點在於：**「現在就想立刻脫離苦海是不可能的，因為這必須花上一些時間。」**當然這並不是要你放棄努力，而是要你先做好「這得花上好一段時間才能克服」的心理準備。

假如你眼前有一個罹患重病或身負重傷的人，你會催促他及早痊癒嗎？想必你一定不會那麼做吧？你應該會告訴他：「請好好地充分調養身體，要是你太急躁的話，反而會恢復得很慢。」

或許，這也是你需要對自己說的話。

用四天就能換取一生的幸福？

你確實急欲改變自己的處境，但你會變成這樣，就是因為你以前是個過分壓抑、忽視情緒的人。一言以蔽之，就是因為你「不夠關愛自己」。

當然，這並不是你的錯。正因為你不知道「如何愛自己」，所以你更要好好地花時間瞭解這件事。

有一部克林・伊斯威特所執導的電影叫《麥迪遜之橋》。這部電影的故事背景是在愛荷華州的鄉村地區，描述有個平凡的中年家庭主婦和一位中年攝影師邂逅的愛情故事。

即使他們僅共度短暫的四天，卻還是深愛著彼此，並且憑藉那份愛意繼續各自度過往後的生活。這部電影也深受中年觀眾的喜愛，是一部很賣座的電影。

當然，我在這裡並不是要否定「只花四天的時間相戀，就能成為一輩子的伴侶」很不合理的。

我想表達的是：如果能把四天裡所發生的一切，就當做自己一輩子的心靈支柱，那是不可能的。

如果僅僅花上四天我們就做得到愛自己，那就像是要我們相信：「只要找到那個愛自己的方法，這輩子就可以再也沒有任何遺憾了，所以『愛自己』這件事實在是太簡單了。」

畢竟你曾經歷好幾年時間，人生才逐漸陷入現在這種混亂又無奈的狀況裡，要是在短短四天內你就能找到愛自己的方法，這樣真的可以治癒累積在你內心中的疲憊感嗎？你會就此感到滿足，並打算以此心態過今後的人生嗎？

你「不想做的事」是什麼？

想盡快擺脫目前的艱難處境是人之常情，但在你期望人生能像魔法般瞬間變輕鬆的同時，也會感到焦急心急如焚。

在這種狀態下，你會不顧一切地期待：只要能讓自己感受到愛，哪怕只有一天也好。之後不論人生會變成什麼樣子，我都會覺得已經心滿意足了。

這時，請你靜下心來捫心自問：「我真的認為，只要得到一天的關愛，我就能快樂而滿足地過完這一輩子嗎？」

用這種傾聽自己內在聲音的方式，察覺出「自己真正想做或不想做的事」，練習重新擁有對情緒的自主權與掌控，並讓感受成為你的動力和指標。這是真正關愛自己的第一步。

一個難以感受情緒的人，就連自己現在「想做」什麼事都不知道。但即使是這樣，至少也應該會感覺到自己「討厭做什麼、做什麼會覺得痛苦」。

因此，本書除了希望你可以先試著從挑戰「自己能辦到的事」開始之外，也能察覺「自己不想做的事」。

07

做自己，是件很自由的事

立即實現小願望

當你覺得自己做什麼都提不起勁來的時候，請先從實現自己的「小願望」開始重拾生活的樂趣吧。

例如，朋友寄簡訊給你，雖然你認為自己必須回覆，但是卻會對這樣的舉動感到厭煩。

請你重視自己「覺得厭煩」的感受，並用「我現在覺得處理這個簡訊很麻煩，所以我就不回覆了」的想法來實現這份願望，然後再打從心底認同自己

的做法。這就是「實現自己的小願望」。透過這種方法，你會漸漸培養出開始想做其他事情的動力，

總之，本書希望你能從「想做再去做」的心態開始練習，進而感受到自己心中的滿足與快樂。

過一個沒有「應該」的自在生活

有句諺語說：「石上坐三年」，意指即使是冰冷的石頭，只要你能持續坐上三年，就連石頭也會變溫暖。這是比喻人如果可以保持堅忍不拔的心態，就絕對能實現自己的願望。

但自我中心心理學並不建議大家像這樣忍耐，反倒是鼓勵大家「不要忍耐」。

正如前文所舉的例子，「我很慶幸學會照顧自己『心煩意亂』的心情」、「我很慶幸自己能在不想回簡訊時，『愉快地』決定不回簡訊。」

像這樣，在各種場合下憑著自身的感受與意願做出決定，這種想法就是愛自己。

「我很慶幸現在會重視自己的感受」、「我很慶幸現在能為了自己而果斷地作出決定」、「我很慶幸現在能承認並接納自己的感受」，如果你能像上述這樣，逐漸專注在「重視自己」的環節上，不出三年，你一定能從跳脫出身陷心煩意亂的泥沼。

把焦點放在自己身上

如果採行「以自己為中心」的行事原則，你會覺得所有事情都很簡單易行。

就像托爾斯泰所說的：「幸福的家庭都是相似的，不幸的家庭卻各有各的不幸」，如果你採行「以自己為中心」的原則，你會發現所謂的幸福其實很垂手可得。

相反地，對於只是追逐字面意義的人來說，幸福這個詞彙就像疾行而去的列車一樣，只會「咻」地一聲從腦海裡消逝。

因為追逐字面意義的人只能藉由閱讀和思考的方式進行理解。要是你只想用頭腦得出答案，你就會持續進行複雜的思考，進而讓自己陷入混亂當中。

如果你能用「因為我不想回簡訊，所以我就不回覆」的想法，實現自己內心中的小願望，經過一段時間的沈澱後，你自然就會產生「想要」回簡訊的慾望。

但如果你「以他人為中心」，想著：「要是我不立即回簡訊，就會對不起對方」或「對方會怎麼想呢」，你就會陷入不停苦思的困境中，甚至會越來越無法瞭解他人的想法。

自我中心心理學其實就是這樣一種很簡單的觀念。「以他人為中心」而被他人行為所限制，進而將自己囚禁在思考迷宮的人，從來都不會知道原來重視自己、實現自己的小願望，是可以讓處理事物的過程變得更加順遂的。

第五章

〔給想活得輕鬆快樂的你〕

放下情緒包袱

01 想太多？先在腦內進行斷、捨、離

思考無用論

有些人多年來一直活在「以他人為中心」的思維當中，從不關照內心的情緒，即使有時覺得應該多把心思放在自己身上，卻發現「自己連到底在想什麼都不知道」，或是「雖然我不知道自己在想什麼，但我『一定要努力搞懂』自己的感受」。尤其是對那些常產生莫名罪惡感的人來說，這種充滿矛盾或自我強迫的心態更是明顯。

他們可能還會自責：「什麼都不知道的我真是沒用。唉！這樣真的很令人

厭煩！」，空想又自怨自艾，事情毫無進展，一切不斷地回到原點。

要是像這樣不知不覺地落入「思考」的圈套中，只會因為這種惡性循環而變得越來越混亂。

找出惡性循環的盲點

也許有人會這樣說：「我也想做啊！但就是提不起勁」、「我想和大家好好相處，可是做不到」、「我想勇敢面對挑戰，可是辦不到」、「我想積極開朗地過生活，可是卻做不到」、「我想成為冷靜、不情緒化的人，可是卻做不到」、「我想遊走世界各地做番大事業，可是我做不到」。

會這樣說的人，也都是因為還沒察覺自己的真正情緒。

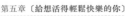

假如你一直深陷在「我想……可是卻做不到」這種鬼打牆式的思考模式裡，就會忍不住地更往下探究：「為什麼我做不到呢？即使我想提起幹勁，（可是）我就是辦不到。我想集中精神工作，但等回過神時才發現之前都在發呆。即使向同事請教工作方法，我還是聽不懂。為什麼我會這樣呢？是不是這份工作不適合我呢？是否要調到其他部門呢？還是乾脆暫時辭職比較好呢？可是我又……」

你的思考會在這個「可是來可是去」的迷宮裡繞圈圈，不但看不到能解決方法的出口，甚至連走回頭路也都會迷路。

像這樣沒完沒了地想個不停，要是不會覺得「光是想我都覺得厭煩」，才真是奇蹟！

你真的想做內心嚮往的那些事嗎？

那些也許都只是憑空想像出來的理想目標。

當你迷失在思考的叢林裡，藉由「我到底該怎麼做才好」的想法來尋求解決之道時，最直接的處理方法，就是把「花時間思考這種事只是白費心機」的觀念牢記在心。

當你發現自己已經不停兜圈子地在想事情時，就要告訴自己：「哎呀！就算像這樣想個不停也是白費心力，而且也解決不了問題。乾脆停止這種無謂的思考吧！」這麼一來，你就能為被思考所綁架的狀態畫下句點。

即使只是停止毫無建設性的胡思亂想，你的心情也會猶如放下大石般地變輕鬆。

02
別和情緒過不去

潛藏在無謂思考下的恐懼

無謂的思考會使你感到疲憊，相信你也覺得這樣自己會深受其害。

所以，我要再次強調，你必須對自己說：「多想無益」。

只是，這時你是否馬上在腦海中開始想道：「那接下來我又該怎麼做呢」？會這樣想，是因為在你內心深處已經先構築出「無謂的思考模式」了。

沒錯，「那接下來我該怎麼做」的想法也是一種「無謂的思考」。

然而，為何對此你會無法控制？如果你對自己敞開情緒的大門，就能在內心深處發現潛藏著「害怕採取實際行動」、「想做卻做不到」的自己。

學會面對害怕

若是你始終自覺到內心的這種恐懼，那就必須對自己承認：「原來我覺得害怕啊？沒錯，我真的是這樣！所以我無法採取行動也是在所難免。」儘早接納自己正處於如此的狀態。

就算你一再激勵自己：「我要好好加油！我要努力向上！」，但只要你沒未勇於踏出第一步，就代表你根本不想去做。只要你能承認恐懼，並接納這樣的自己，你就會如釋重負。

能透過這種方式卸下心中的重擔，是因為你已經接納自己「害怕採取實際行動」的情緒，也表示你已經愛上「現在的自己」了。

發自內心的快樂

請你試著想想：「我願意誠實面對自己的感受，並且利用一些生活小練習，逐漸接納現在的自己，到達『真實情緒』的入口。」

說到這裡，也許你會哀嘆：「什麼！這樣只是起點而已？那不就表示前面的路途還很漫長！唉～」

其實，事實並非如此。這個入口同時也代表著希望的出口。

因為，當你不喜歡自己的感覺、想法和行為，但卻選擇全然地理解、接納和包容不論是正面或負面的情緒時，這對你就是難以取代的進步。

瞭解內心真正的感覺，就是能感受到幸福的重要因子，只要擺脫「對任何事都感到厭煩」的狀態，你就能獲得正面的情緒感受，而這種過程也是獲得正面情緒的捷徑。

像這樣，對於「前路漫漫」的抱怨，最終絕對會漸漸轉化為「我現在好快樂」、「我現在真愉快」、「我現在覺得這樣很有意思」的愉悅和喜樂。

03 與自己和解

讓意識與潛意識同步

藉由逃避內心情緒來保護自己的人，常常會問我：「如果我不正視情緒的話，是不是就會無法擺脫這種狀態？」

越想放棄一切的人，就越不想面對自己的情緒，這是很自然的事。因為在抗拒面對情緒者的潛意識裡，他們會害怕如果釋放情緒，可能會發生很嚴重的事。即使他們感受情緒的敏銳度已經退化、變得很遲鈍了，但仍會害怕以前因為太情緒化而受過傷的舊事重演，因此才一直自我麻痺情緒。

處於這種狀態下的你，最好不要勉強自己感受情緒。

一旦受限於「想做卻做不到」的想法，你就會察覺不到自己在當下的真實感受。這是因為「思考」事物和「感受」情緒、感覺，這兩者是無法同時進行的。

也就是說，要是被思考限制，你就無法感受到情緒或感官所要傳達的正確訊息。相反的，要是專注於情緒或感官上，你同樣也會無法進行思考。

不管你是否同意這個論點，都請你先來做做下面的試驗吧！

讓大腦放空的五感練習法

假設，你在處於「無法改變現狀」的自我放棄狀態下去洗澡，即使洗完澡也會感到心神不寧，甚至還可能忘了自己要怎麼呼吸。就算是泡澡，也無法感受到熱水的溫暖。而在泡完澡後，可能連在浴缸裡做過什麼都記不得了。

但是，如果你能專注於泡澡時的感覺與心情，情況又會變得如何呢？你會將注意力放在身體上，並且好好地泡澡。

在洗澡時，請你做以下的練習。

讓身體靠著浴缸，放掉全身的力量，然後試著感受這種放鬆後的狀態。此時你有什麼感覺呢？你的心情如何？

接著，就在這個狀態下，再試著專注於自己的呼吸，用鼻子深深地吸口氣，再「呼～」的一聲從嘴巴吐出氣來。

試著重覆這些動作數次，每次吐氣時就放掉全身的力量，以這樣動作讓身體充分放鬆。

這時你會發現，身體正舒服地輕輕晃動，也會察覺到自己在停止思考。

也許你從來沒有自覺過頭腦放空的感受，但在這種停止思考的狀態時，你會實際體會到大腦得到休息時產生的平靜。這就是前文所說的，「思考」事物和「感受」情緒、感覺無法同時進行的意涵。

你不用擔心自己不擅長用這種方式安撫內心的情緒，因為「以感官體會事物」是種很適合獨自進行的練習。由於這只要用身體去感受，所以任何時候都能進行。

如果你能將注意力集中在感官與情緒上，你就會明白味覺、嗅覺、觸覺、聽覺、視覺都有其獨特的愉快感受。

當你將注意力放在五感上之後，同時也會開始得知如何關照自己，因此這也能訓練出「以自我為中心」的心態，此法可謂是一舉兩得。

如果你能從感官體會事物開始進行練習重視自己的感受，那麼你一定會逐漸接納自己的真情緒。

04

體貼自己的練習

把腳步放慢

做任何事都切忌急躁。換言之，也就是我們要學習如何把心靜下來，把腳步慢下來。

只有在怡然的情況下，才能讓我們有充份的時間玩味、體會五感和情緒。當你處於平心靜氣的狀態時，焦慮不安也會煙消雲散。

如果你覺得自己是屬於「凡事都太在乎了，還是別太認真比較好」這種類型的人，可以想法告訴自己：「沒錯，我想放輕鬆點，所以我現在要著手進行放鬆的練習。」

不過話說回來，有人可能會在腦中一團亂時，還強迫自己「千萬別想著非做不可」，甚至還會用意志力加以制止，告訴自己：「是的，我不可以努力！（為了不努力）我會加油的！」

會有這樣的現象，是因為這些人的頭腦裡早已構築好「立即自動思考的模式」。**但很遺憾地，我們無法在一朝一夕就徹底改變這種思考模式。**

你不需要總是堅強

要是你專注於感官的愉快感受上，就能減少動腦思考的比例，讓因為運轉不停而疲累不已的頭腦得以休息。

更重要的是，由於你專注於情緒和感覺上，過去牢不可破的思考模式就會開始動搖，讓你逐漸察覺並接納內心的情緒，遠離緊張，讓身心都到輕鬆無比。

為何會發生這種現象呢？這是因為在壓抑情緒的同時，你還用「這都是我的錯！我不能怪別人」的觀念來否定自己的情緒，基本上這就是一種糟蹋自己的行為。

另外，有人害怕自己一旦誠實面對情緒後就會崩潰；也有不少人恐懼內心所深藏的憤怒情緒，會因一次全然爆發而導致失控。這些想法都代表著你還無法正視情緒，對自己也也還不夠體貼。

沒有人能否定、責怪對任何事都感到厭煩的你。包括你自己。

你可以告訴自己：「原來我真的受傷了，難怪我會覺得活得這樣辛苦，因為我一直忍受了很多事。」

或是對自己說些有益於接納情緒的話：「原來我一直都覺得很焦慮，這也沒辦法啊。之前我就算再苦惱，也不會對自己承認，更何況我還會不斷地自我鞭策，所以會變得很焦慮也是在所難免的事。」

只要你肯用這類話語承認自己的感受，就能平復不安的內心，這就是「體貼自己」的做法。

05
獲得真正的自由

認同自己

為什麼只要接納自己的感受，身心都會變輕鬆呢？這是因為你開始「愛上」自己的情緒。不論是喜、怒、哀、樂等各種感受，你都能不逃避也不沈浸，承認那就是自己的情緒能量，然後勇敢地對自己說：「沒問題的！」

也許以前你不但厭惡自己的情緒，還厭惡當下的自己，這都代表著你不懂得如何愛自己。

如果你懂得愛自己，就會感到內心喜悅；如果你懂得愛自己，就會更有自信。

雖說如此，我也要勸對於「愛自己」這件事不要太躁進，因為「愛自己」是沒有期限和限度的，一旦過量，就很容易陷入把自己愛到「滿溢而出」的境地，進而對任何事都再也難以知足。只有將「愛自己」的技巧運用自如，你才會學到箇中真諦。

利用「認同自己」或「想認同自己」的心態，去玩味並接納自己情緒或感官所帶來的愉快感受，就是愛自己的基本功。

你看到別人的缺點，其實都是內心負面情緒的執著

一直忽略或壓抑自己情緒的人，也常會在不知不覺中強迫或希望對方能跟你做一樣的事。

舉例來說，在公司要是有人偷懶的話，你就會生起氣來覺得「為什麼每次只有我認真工作」，或是「為什麼那傢伙老是這樣……」。要是對方在公司裡還頗受大家的好評，說不定你更會怒火中燒地想：「那傢伙明明一直在耍奸詐的小手段，我實在無法接受大家會那麼喜歡他！」

不論你覺得這件事多麼難以容忍，都無法提高你的工作效率，反而會因為太在意而讓你的心情被對方的一舉一動所牽制，從而讓你感到更痛苦！

但為何你會覺得這樣的事情難以容忍呢？這是因為你一直壓抑著內心深處渴求的緣故。如果你打從心底承認自己有著「其實我也想偷懶。而且想不想偷懶都是我個人的自由」這樣的渴求，是不是會覺得豁然開朗呢？或許你還能因此感受到前所未有的暢快心情。

你有「只要是不想做的事就不去做」的自由，也有「只要是想做的事我才做」的自由。越是無法認同這種想法的人，就越要練習以個人的情緒做為決定行動的準則。

當你能滿足自己的渴求，認同自己的自由時，你也能認同對方的自由。

06
不要責任一肩挑

嚴以律己的人，也會嚴以待人

也許你還沒自覺到自己已經對一切都提不起勁了。以往你都是以「我要更努力，一定要取得好成績」、「加油！我一定要好好念書」、「我一定要拚命工作」這種「我非做不可」的想法過生活。

但如同前文所述，因為你平時嚴以律己，所以也會以嚴厲批判的方式對待別人，要求他人也要嚴苛地對待自己。

而且，對自我要求越是嚴格，就越無法接受自己一無是處，同時也會不斷地挑出自己有的缺點來檢視他人。

就像你眼前有個箱子，箱子裡放著白球和黑球。當你拿到白球時，就會增加自信；拿到黑球時，將會喪失自信。

對自我要求嚴格的你會無視白球的存在，不斷地挑選黑球。而且你不只會在自己的內心裡尋找黑球，在和他人相較時也會挑選黑球，像這樣不斷做著會喪失自信的事。

正因為如此，你必須先打從心底認同自己的自由，並且拋棄掉「非做不可」的想法。

用壓抑自我得來的關愛

一個以自我感受為中心的人，能以顧及自己的感受或情緒為前提。

相反地，越是以他人為中心的人，就越會以他人的心情、意志為優先，因此常常會無意識地回應對方的期待，滿足對方的要求，還會在不知不覺中，因為太在乎他人的想法而更加嚴格地約束自己。

假設，你在孩童時期父母要求你讀書成績要名列前茅，你會認為自己一定要符合父母的期待。透過成為最好、最優秀的人，來獲取父母對我們的愛與關注。

這種要成為「最好」的想法，會要求你要改變自己，不允許你有不好的地方。於是，你就會變得壓抑、否認甚至痛恨自己不夠好的一面。越是在乎他

跟回應他人的期待相比，「你自己」真正想做的事更重要。

如何回應父母的期望都是你的自由！

人的人，就越會失去這種內心的自由。

如果你擁有自己做決定的自由，那麼在你認為「我想要」或「我不想」讀書時，都會基於那樣的渴求而做出選擇、採取行動，因為你會認為那是你個人的自由。

由於你認同擁有自由的自己，所以不管讀書與否，都不會讓那種毫無意義的罪惡感折磨自己。

你只要對自己的人生負責

「父母的期望」會跨越你內心的界線對你造成傷害。這樣的期待，充其量只是雙親自身的問題！你不需要符合他們的要求，也完全沒有必要回應他們期待的責任，更不需要因此有罪惡感。

我會這樣說，是因為你「內心的自由」不斷被侵犯，一直肩負被迫承擔回應期望的責任，所以你才會覺得事事煩心。

說到這裡，你應該已經能察覺自己為何身陷這種狀況了吧？

07

掙脫過去的枷鎖

從受傷中變堅強

你總是非常努力，也一直拚命想回應別人的期望，甚至到了拚命麻痺自己情緒的地步。但是你始終不肯對自己承認「我已經付出夠多了」。

卸下你沒必要承受的重擔吧！

你一直將過度的責任強加在自己身上，一直為了不必要的罪惡感折磨自己，以至於活得很累很辛苦。但這些本來就不是你的責任，你根本無須心懷愧疚。

請試著告訴自己：「原來我是被無謂的責任感壓得喘不過氣來，其實我根本無須感到愧疚啊！」

當你坦承這樣的念頭時，長期的身心疲倦可能會突然撲天蓋地向你襲來，說不定其中還摻雜了無法言喻的無奈和如釋重負。

或許你也會開始反思過往，心想：「我的人生到底是為了什麼而努力？為了什麼而不斷地受到折磨呢？」說不定你會就此放聲大喊。

如果你因為激動而淚流不止的話，那就這樣流淚放聲大哭吧！讓眼淚自然療癒你的心靈。

在情緒宣洩完後，也許你會變得更消沈沮喪。若真如此，也請你接納這個狀態，告訴自己：「我有必要放任自己什麼都不做」。

當你希望能從這種「什麼都不想做」的狀態徹底改變時，這才是最重要的轉捩點。

面對真正的自己

也許上面的說法聽起來很強人所難，但要是你真心希望自己能至之死地而後生，那麼無論如何都必須硬著頭皮經歷這個過程。

你不能逃避面對真正的自己。即使今後你仍打算繼續逃避，但總有一天還是會不得不面對自己。難道你想在懊悔著過去的同時，仍維持現狀嗎？

不論你選擇怎麼做，那當然都是你的自由。

若是你選擇維持現狀，即使你在十年後重新審視自己時才發現「不肯面對自己就代表著不讓自己進步」，只要願意認清事實，這樣也不算太遲。

為決定負責

對你來說，認清自己正處於何種狀態是很重要的課題。雖然事實上你潛意識中想追求的目標卻不在其中，你可能還是會想要偷懶，不去面對問題，因為這樣的生活會更輕鬆。

如果你在充分瞭解自身的感覺後，即使是做出「維持現狀就好」的決定，並且認為：「因為我依然會感到害怕，所以我覺得還是維持現況比較好。這是根據我的自由意志所做出的選擇」，那也就代表你已經和「從前的自己」不一樣了。

這是蛻變的第一步，請你從這裡開始前進，改變未來。因為你在潛意識裡一直追求的願望已經從過去的枷鎖中解放，在你重視自己情緒和想法的同時，也開始學會重視自己的意願，進而獲得為自己做決定的「自由」。

第六章

〔告別所有的心煩意亂〕

感謝是最強大的力量

01

優柔寡斷，再見啦！

走哪條路都ＯＫ的正向思考法

做決定時僅以眼前的利益得失為考量，會讓自己越來越優柔寡斷，腦中充滿「怎麼做才是最好的呢？」、「哪種選擇對我比較好呢？」、「選擇哪邊對我比較有利呢？」等等的想法。

你是這樣的人嗎？

舉個例子來說。面對「Ａ和Ｂ哪個比較好呢？」的問題時，當你選擇Ａ後，會覺得：「說不定是Ｂ比較好」；相反地，即使選擇了Ｂ，你一定也會想：「或許選A比較好吧？」

像這樣，每回下決定，總是在心中百轉千迴，舉棋不定。

這是因為你僅憑利益得失的結果，來思考自己該如何做，卻完全沒有顧及到自己的情緒。

如果你能以情緒當做行事準則的話，那麼即使你選擇了A，你也能因為想著「幸虧選了A」而接受自己的選擇。相反地，即使選擇了B，你也會覺得「幸好我選了B」，而感到知足。

順從心的方向

如果心中的秤錘一直擺盪不定，你在做抉擇時還會有「因為也許還有變數……，所以還是先這樣做吧……」這種「偷吃步」的心態。

例如你可能會這樣想：「雖然我很猶豫是否要買這個東西，但如果賣光的話我會覺得很可惜，所以還是先預約吧，不需要的話再取消就好了。」、「雖然不知道自己是否會去，但我怕不去後會因為想去而開始後悔，所以還是先預約好了。到時不想去的話，再取消就可以了。」

這種選擇乍看之下也許對你很有利。但要是這種決定方式涉及到人際關係或工作的話，就會變成：「雖然我可能會和情人約會，但要是情人沒空理我的話，我整天就會很無聊。所以我還是先和死黨約時間碰面吧。」、「也許有人會因為公事跟我聯絡，不過也有可能不會。總之，還是先和朋友約時間出去玩吧。」

要是你常常像這樣猶豫再三，躊躇不決，無法下定決心；或是原本說好的

如果用患得患失的心態做抉擇……

如果打從心底認為「我覺得很有趣」，
你就會對自己的決定覺得心滿意足！

事，回頭想想卻出爾反爾，臨時反悔；又或者是用腳踏兩條船、兩邊都想要佔便宜的心態，結果都會成為你人際、工作、生活上的一大阻礙。

若坦然順從自己內心的想法，即使結果不盡如人意，你也會因為是出於自我意志所做出的決定而欣然接受或釋懷。

你不但能按自己的想法行事，變得更有主見，更為專注，即使偶爾遇到挫敗和讓步，也一定能立刻振作起來。

02

對自己也對別人誠實，就是真實的自己

當負面想法揮之不去

曾經有一位女性這麼告訴我：「當我和別人見面時，心中突然莫名湧現『我覺得好愧疚啊』的感覺，雖然我不知道究竟為什麼會這麼想。可能是覺得對方竟然特意撥空跟我見面，讓我深感不好意思。這是我第一次發現自己內心深處潛藏著這種感覺。」

除了上述的例子外，也有人會有下面的想法。

「我的情人和我朋友說話的時候非常開心，但他卻不曾對我展露出那樣的笑容。我覺得自己在那裡好像是多餘的。」

為何會有種想法呢？那是因為他們沒注意到內心的情緒。

「咦？為什麼我會覺得自己不該待在那裡，或是對此感到愧疚？我這些反應是源自於情緒嗎？」

那的確是由情緒造成的反應，但更正確的說，那是由理智思考或想像所營造出來的情緒。

若是你在乎他人的想法更甚於顧及自己的情緒，像是覺得：「和別人相處時，我一定保持開朗快樂的樣子，只是我實在無法和人愉快地交談。」這樣，你就會覺得自己的存在是多餘的，破壞了愉快的氣氛，並且自責道：「我不能再這樣了！」

要是你不斷地擴大這種負面思考的話，還會理所當然地認為自己「不應該待在那裡」，對自己在場感到手足無措。

心事要對別人傾訴

那麼，像這種時候該如何讓自己覺得好些呢？當然是先考量自己當下的情緒。

例如，當朋友打電話來邀約時，就從這樣的情況開始，練習以自己的情緒當做決定的標準。

當你猶豫著是否要出門時，就老實地跟朋友說：「因為我現在心情不好，所以就算出去，也很難打起精神來。」

若是對方回答：「沒關係啊！」，婉拒別人，結果也沒你想像中的嚴重，也許會頓時讓你覺得如釋重負，心情也輕鬆起來，進而變得想出門和朋友見面也說不定。

還有另一種情況。雖然你想和朋友見面，但如果你覺得：「朋友其實是可憐我，才會邀請我的。」或是「他一定是勉強自己，才會邀請我。」像這樣的負面思考一直在腦中揮之不去時，你更應該將心中的謝意傳達給對方，告訴他：「謝謝你邀請我！」

你要用如同對自己訴說的心情，對朋友誠心誠意地說聲「謝謝」。

這麼一來，不只是朋友，連你自己也會被感謝的心意所影響，進而讓心情覺得愉快。

在和朋友在一起時，如果太在乎他人的感受，會讓你忍不住想：「和我在一起，他是不是很無聊？會不會覺得很困擾呢？」

這時，請不要否定這種負面的念頭，先在心裡告訴自己：「原來我又開始很在乎他人的看法了。沒關係，這樣也無妨。」接著再說：「謝謝你和我一起度過美好時光，我由衷感謝你。」然後確實感受那些話帶給你的影響吧！

03

不做自己討厭的事

讓疲累的心情解脫

「我也不知道自己到底想不想，或是到底該怎麼做？」、「我有很多事要做，但我不知道能從哪裡著手？」

陷入這種狀態並且無法瞭解自己感受的人，究竟要如何開始行動呢？

首先，你要意識到自己正感到「心煩意亂」這件事，或是不由自主抱怨著「煩死了」的情緒。

也許你正一邊做著某件事，一邊提不起勁地嘆氣著。檢視一下自己是不是對什麼事情覺得厭煩、對什麼事情唉聲嘆氣呢？那個東西或那件事就是你不想做的事。

情緒是行事的指標，壓抑情緒會阻礙我們的活力。要是你承認「喔，原來我現在不想做這件事啊！」的心態，或許你仍會感到沮喪，但至少你可以體認到正視情緒的動力。

當我們感受到某種情緒時，先去關注、感覺、體會它背後所傳達的意義與能量，然後告訴自己：「今天就先這樣了！」、「就做到這裡，接下來的先擱著吧！」像這樣傾聽自身的想望和需求，這樣一定能定下心來，不至於腦筋一團混亂。

雨後的陽光會更耀眼

當你忠於自己的感受、情緒，並不會發生令你意想不到的可怕發展，我建議各位透過上述面對自身情緒的方式，好好地體驗現實生活中所發生的事。

或許有人會說：「但這樣不是等於放縱自己，到最後只會無所事事、一事無成嗎？」

但事實真的是這樣嗎？

要是你因為以自己的情緒為第一順位，而使得你數年都無法採取行動，停滯不前，那就表示你的內心已經很疲累了。

若是因此必須耗費幾年甚至數十年的時間，才能讓你的心恢復活力，那麼這些光陰對你來說，也是必須經歷的歲月。

你要相信：不管飛沙走塵有多嚴重，還是有機會能天降甘霖，終於守得雲開見月明。總有一天，你會等到雨水降臨，陽光從雲縫間灑落，藍天開始重現。

正因為如此，我們熱切建議你重拾感覺五感與情緒的敏銳度，因為這些都是你與生俱來的能力，能讓你體會到正面感受。

像是有發出聲音的美好感受，有走路時的美好感受，有因為運動而汗流浹背的美好感受，也有以自我認同為出發點的美好感受。

享受這些與生俱來的美好感受，就是「愛自己」。

如果能愛自己，你就會產生巨大的改變。

當你陷入生活毫無動力、內心一直委靡不振的狀態時，就代表你不知道如何愛自己。

04

有願望，就要實現

從實現小願望開始累積夢想的能量

當肚子餓時，你可能會想：「我為什麼會這麼餓呢？要怎麼做才能消除飢餓感呢？」但光這麼想，當然不可能產生飽足感。

這時，就得靠著吃東西才能消飢止餓，覺得不餓之後，再**將注意力集中在體會那份滿足感，對你而言才是最好的方式**。

例如，「好想喝水呀！」的念頭是一種渴求，喝水就是為了滿足欲望的行為，採取行動後就會後產生「真好喝啊！」的滿足感。

像這樣，以想喝水的渴求為開端，試著讓自己滿足那份渴求，直到產生「水真好喝啊！」的感覺為止，就是一整套的行為模式。

我認為這種模式相當地重要。只要是越覺得「一切都讓人心煩」，或是失去動力、覺得人生很空虛的人，就越是欠缺這種行為模式。

當你有上廁所的需求時，就要利用如廁來滿足這個需求，然後才能感到「啊！爽快多了！」；當你午餐過後產生睡意，就要靠小睡片刻來滿足需求，你才能在睡醒後感覺「啊！精神好多了！」

從這些例子可以看出，從需求的產生，到體會「啊！真是痛快！」或是「啊！好舒服啊！」的感覺為止，都是一整套行為模式。

仔細體會生存喜悅的小練習。

感受小確幸

所有的人幾乎只要一口渴，就會不自覺地找水喝，喝完後再不自覺地放下杯子，就連自己的喉嚨得到滋潤也會毫不自覺，然後就這樣又回到日常作息中。

所以，一個越是不關心自己的人，就越會不自覺地（或機械式地）採取行動。

在每個行動、每個場合之中，都有各種不同的感覺模式在運作。

當我們忽視這些感覺時，不就是「不愛自己」的表現嗎？你是否正一直處於這種狀態下？

從「只要能滿足自己的感覺，就能讓美夢成真」的觀點來看，可以說任何人都能實現自己的願望。但也由於讓願望成真可謂易如反掌，所以我們會將之視為理所當然。

如果忽視內心的感受，就會因為毫不在乎自己的舉動，而讓每個能獲得小小滿足的簡單行為都變成是件麻煩事。

然而，也正因為要實現願望真的容易，你才能輕易就產生許多正面的感受，獲得滿足。

換句話說，當你陷入一切都令人心煩意亂的狀態時，就代表你在潛意識裡對自己發出「我忽略了自己感覺」的訊息。

05

感謝別人，也能療癒自己

成為別人想幫助的人

已經放棄一切的人，何不試著稍微改變自己看事情的觀點？

不論是面對多麼惡劣的狀況中，也不要完全絕望，說不定這其實是因為你自己的看法有些狹隘，或是已經產生偏見所致。

例如，你因苦於應對職場上的資深同事，而不停地向A同事抱怨道：「那位前輩很激動地跟我說：『做錯的時候為什麼不先來報告呢？』他這樣做讓我的內心很受傷害！」、「但是如果我想要和他請教，他就會露出不耐煩的樣子，而且還一副『你連這麼簡單的事都不懂！』的態度，真是讓人生氣」。

當你這樣絮絮叨叨說個不停時，A同事也一直很用心地聆聽著。

而且，不只是職場上人際關係的問題，舉凡跟工作或前途有關的困擾與疑慮，你也常向A討教。而A基於想幫助你的原因，也提出了各種建議。

A為何會用心聽你訴苦呢？也許是因為對你有好感吧。

但因為你滿腦子都充滿著對那位資深老鳥的不滿，別說是A對你的善意了，甚至你根本就無視於他的存在，因為你對他毫不在意。

而A也漸漸感覺到你不在乎他，也許是因為他發現對你的真心付出卻沒得到回報而覺得失望，所以便決定放棄幫助你了。

也許有天他會這樣對你說：「不好意思，我今天沒時間聽你說話耶！」

那一瞬間，你才突然警醒，猶如被遺棄一般，在內心絕望地吶喊著：「為什麼都沒有人願意幫我！」

你不是一個人

在無助、失落時，你可能根本不會察覺有人正體貼、關心著自己。

但如果你能稍微改變觀點，專注於當下，你就能察覺到像A這類型的朋友或同事，其實就真真實實地在你身邊。

如果你能有這樣的體認，也許，情況也會產生很大的變化。

對於一直在你身邊的A，你會向對方以言語坦率地表達「謝謝你總是用心傾聽我的感受！」這樣的謝意。

此外，你更能進一步意識到周遭人們的存在，並向他們誠摯地說道：「謝謝你向我打招呼」、「謝謝你對我說溫暖的話」、「謝謝你協助我！」

在這麼說的同時，那些話語也能溫暖你的內心，而那種感受也能讓你達到自我療癒的效果。

06 向討厭的人說「謝謝」

感恩能量大

基本上，對於每個幫助你的人，不論你是喜歡還是討厭對方，對他們你都該一視同仁地表達謝意。

「謝謝（這個討厭的人）幫我接電話。」、「謝謝（這個討厭的人）對我的指導。」像這樣向對方致謝，而把討厭對方的偏見擺到一邊。

如果不能把幫助你的事實與個人的好惡兩者區分清楚，只會讓你身邊出現越來越多你所討厭以及不擅於應付的人與事。

透過這種方式確實自我檢視，你就能得到救贖與療癒。

對「事」不對「人」，你會更輕鬆

舉例來說，在職場上一定會有你討厭的人、不擅應對的人，或害怕的人。只要你太在乎對方的看法或是臉色，你就越會用否定的觀點去理解他的行為，而對方的所作所為也會盤據在你腦中揮之不去，當然你就會活得越來越痛苦。

當對方在工作上幫了你的忙，你卻這樣猜疑：「他一定打從心裡看不起我，認為我事情做不好，所以才故意幫我，其實根本是要讓大家見識他的能力！」，自然就會更加在意對方所有行為。

當你出現這種狀態時，首先你要：

（1）對自己承認：「我的確討厭這位同事。」、「我本來就不想跟他變成好朋友，所以我也不打算親近他。」

要是你能認同自己的感受，就能和自己所討厭的人先在心靈上稍稍保持距離。

（2）把「討厭對方」的情緒，和「對方出手幫忙」的事實做區隔。

只要你能先認同自己「我就是討厭他」的情緒，那麼就比較容易認清「討厭對方」和「對方幫你忙」是兩碼子的事。即使你對他沒有好感，也要懂得感恩。

（3）用言語表達謝意。

雖然有人就算打死也不會向討厭的人說謝謝，但當你確實說出來後，你會發現實際情況會和自己所想的不同。

這是因為你知道自己內心想的是：「我討厭你，所以私下我還是不會和你往來。」但你會在認同這種感受的前提下說出：「（不過衝著你出手幫忙的份上，我還是要）謝謝你！」

如此明確區分內心感受與說出感謝的不同，既能傳達謝意，但在心靈層面仍可以和對方保持你想維持的一定距離。

感謝，會提升你的信心

假使你的父母總是對你關懷備至，凡事把你照顧得無微不至，而他們也一直以為這是種體貼，那麼你就要對父母說：「謝謝你們幫忙！但我想按照自己的方式做事。」

這種想靠自己而採取行動的主動性，將會提升你的價值。此時，你感覺到的滿足程度會變成肯定自己存在的價值，那是真正的自信，進而能解救你的心靈。

因自由意志而去採取行動，所產生的滿足感會越多，也能越忠於自己。不論那是什麼樣的自己，你都會萌生出「我是個有價值的人」的自信。

07

愛自己，就是人生的關鍵字

別跟自己過不去

不論對方多麼地愛你，如果你無法感受到，那麼對你來說也是枉然。不論對方對你再怎麼呵護、再怎麼言聽計從，但如果你無法感受到那份心意，也不會覺得快樂和滿足。

因此，從這種意義來看，**想解救心靈，要靠自己；想得到照顧，也要靠自己；想獲得關愛，也要靠自己。**

現在，本書終於來到最後的章節。

在寫這本書的時候，我盡可能地讓論點貼近「覺得一切都令人心煩意亂」的人的內心。我全心全意埋首於工作中，在完成本書原稿時，我有時會發現自己莫名地陷入了沒有幹勁的狀態中。只要遇到這種時候，我就會讓自己多休息，或是早點上床睡覺。

有一次，在陷入那種無力狀態的隔天，我必須出席一場研討會。雖然我發現到自己的心理狀況不佳，在前一天晚上也提早就寢，但「不想去開會」的心情依然困擾著我。

剛開會時，我仍心情低落，所以我對與會人員說：「我現在精神不太好。」我之所以會這麼做，是因為覺得認同自己的心理狀態不佳，並且大方地坦承並表現出那份感受，可以使自己變得比較輕鬆。

後來，在會議進行的過程中，我也談到了該怎麼做才能脫離那種沒有衝勁的狀況。現在想起來，說不定當時我是為了自己，才會在開會時對大家承認自己的心理狀態。

在那個時間點上，我能做的事情，就是讓自己活在當下。在那時，我也意識到了這種觀念，所以決定今後要加以實踐。

把能量集中在「現在」

以往的負面經驗可能會對你心靈所造成深刻的衝擊。除了讓你內心受傷之外，日後無法抹滅的痛苦還會讓你永遠銘記。

相較之下，以前曾經歷過的正面經驗，由於給人的印象模糊，所以會依個人的不同，或多或少任其遺忘在記憶的深處。

如果你對於正面經驗的感受度不敏銳，就會更難以想起那些令你感到愉快的記憶。

從這樣的意義看來，以往經歷過的負面經驗，不論結果是好是壞，都會帶給我們「活著的充實感」。但我們能持續地活下去，不也是因為我們曾經經歷過許多正面經驗嗎？

因此，我的生活就像本書一直想表達的觀念一樣，我會一邊在日常生活觀察自己，一邊實踐「感受內心情緒」這件事。

開會時，我因為心情不受控，所以會覺得說話時卡卡的，不太說得出來。為了讓自己能輕鬆發出聲音，我就會站起來說話，由於說話的情況稍微好轉，因此我當下感到輕鬆了許多。

當一直站著時，我要是覺得累就會坐下來，親身體會坐著時的輕鬆感受。

如果開會時無法專心聽別人說話，我會對自己坦承正處於意志力不集中的狀態，並且在內心說道：「嗯，原來我現在是這種狀態啊！」**然後喝口熱茶，允許自己放空一下**。

這時，日本茶的味道和溫暖，會漸漸從我喉嚨和身體裡擴散開來。如果是喝紅茶的話，則能仔細品嚐到另一種不同的香醇風味。

即使是在研討會進行時必須上洗手間的空檔，我也能在當下體會到獨處時的自在。

如果有讀者對我在開會時所說的內容表示贊同，那麼我也會意識到自己的欣喜。

這樣一來，我自覺的能力就會變得比平常更集中，內心的迷霧也會在體會到「實際感受」下漸漸散去。

研討會結束後，當看到最後一位女性聽眾背向我準備回家時，我會察覺到內心很想挽留她，想對她說：「咦？妳要回去了啊？我們下次再找時間聊聊吧！」

總之，想擺脫「我真是受夠了」的狀態，就必須珍視自己內心的情緒、感受，並且再三檢視「能否以此為標準愛自己」。

我就是像這樣，一邊透過親自實踐本書所要推廣的觀念，一邊再三確認這種觀念的可行性。

人生顧問203

擁抱脆弱，你會更堅強

作　者—石原加受子
譯　者—侯美華、王榆琮
主　編—李宜芬
責任編輯—郭香君
執行企劃—張燕宜
封面、內頁版型設計—比比司設計工作室
總 編 輯—余宜芳
發 行 人—趙政岷
出 版 者—時報文化出版企業股份有限公司
10803台北市和平西路三段二四〇號四樓
發行專線—（〇二）二三〇六—六八四二
讀者服務專線—〇八〇〇—二三一—七〇五
（〇二）二三〇四—七一〇三
讀者服務傳真—（〇二）二三〇四—六八五八
郵撥—一九三四四七二四時報文化出版公司
信箱—台北郵政七九～九九信箱
時報悅讀網—http://www.readingtimes.com.tw
第一編輯部臉書　http://www.facebook.com/readingtimes.fans
法律顧問—理律法律事務所　陳長文律師、李念祖律師
印　刷—盈昌印刷有限公司
初版一刷—二〇一五年二月十二日
初版五刷—二〇一八年曳月二十六日
定　價—新台幣二八〇元

時報文化出版公司成立於一九七五年，
並於一九九九年股票上櫃公開發行，於二〇〇八年脫離中時集團非屬旺中，
以「尊重智慧與創意的文化事業」為信念。

擁抱脆弱，你會更堅強 / 石原加受子著 ; 侯美華, 王榆琮譯. -- 初版.
-- 臺北市 : 時報文化, 2015.02
面；　公分
譯自 : 仕事も人間関係も「すべて面倒くさい」と思ったとき読む本
ISBN 978-957-13-6170-3（平裝）

1.自我實現　2.生活指導

177.2　　103026853

SHIGOTO MO NINGEN KANKEI MO "SUBETE MENDOKUSAI" TO OMOTTA TOKI YOMU HON
by Kazuko Ishihara

Originally published in Japan by CHUKEI PUBLISHING
Chinese (in complex character only) translation rights arranged with
KADOKAWA CORPORATION, Tokyo
through THE SAKAI AGENCY and BARDON-CHINESE MEDIA AGENCY.

ISBN 978-957-13-6170-3
Printed in Taiwan